U0499608

信息技术服务外包合同设计

Contract Design for Information
Technology Outsourcing

胡旻卉　黄河　徐鸿雁◎著

中国财经出版传媒集团

经济科学出版社
Economic Science Press

·北京·

图书在版编目（CIP）数据

信息技术服务外包合同设计／胡旻卉，黄河，徐鸿雁著． -- 北京 ： 经济科学出版社，2024.12. -- ISBN 978 - 7 - 5218 - 6340 - 6

Ⅰ. D923.64

中国国家版本馆 CIP 数据核字第 2024CD3968 号

责任编辑：冯　蓉
责任校对：王京宁
责任印制：范　艳

信息技术服务外包合同设计

胡旻卉　黄　河　徐鸿雁　著

经济科学出版社出版、发行　新华书店经销

社址：北京市海淀区阜成路甲 28 号　邮编：100142

总编部电话：010 - 88191217　发行部电话：010 - 88191522

网址：www. esp. com. cn

电子邮箱：esp@ esp. com. cn

天猫网店：经济科学出版社旗舰店

网址：http：//jjkxcbs. tmall. com

北京季蜂印刷有限公司印装

710 × 1000　16 开　10.75 印张　160000 字

2024 年 12 月第 1 版　2024 年 12 月第 1 次印刷

ISBN 978 - 7 - 5218 - 6340 - 6　定价：70.00 元

前　　言

　　软件外包，指企业将软件服务项目外包给专业的信息技术（IT）供应商，利用IT供应商的专业技术知识和规模经济效应，降低企业运营管理的成本、增强企业的核心竞争力。工业和信息化部印发的《"十四五"软件和信息技术服务业发展规划》指出，软件是新一代信息技术的灵魂，是数字经济发展的基础，是制造强国、质量强国、网络强国、数字中国建设的关键支撑。在"互联网＋"等国家战略的指导下，社会各行业的信息化改造需求剧增，软件外包服务业得到了迅猛发展。据统计，2021年1～8月我国企业承接离岸信息技术（软件）外包合同执行额为1960亿元人民币，同比增长17.5%（商务部新闻办公室，2021）；国务院印发的《"十四五"数字经济发展规划》要求，2025年我国软件和信息技术服务业规模突破14万亿元人民币。软件外包对全球经济也产生了重要影响。

　　本书以企业向IT供应商外包信息技术服务为背景，结合信息技术服务外包中常见的运作工具，研究如何设计和选择相应的信息技术服务外包合同。具体来说，本书将较全面地介绍了与信息技术服务外包合同相关的理论文献，然后针对企业在信息技术服务外包时面临的三类主要挑战：合同签订前（事前）IT供应商具有关于服务能力的私有信息、服务过程中（事中）IT供应商服务努力不可观测和服务完成后（事后）IT供应商服务效果不可证实。本书使用甄别合同、监控和再谈判三种工具以分别应对上述三类挑战，并结合固定价格合同、时间材料合同、收益共享合同和绩效合同四种合同形式，深入探讨信息技术服务外包合同的设计与选择问题。

本书在第一作者博士学位论文基础上修改而成。该论文被评选为"2022年度重庆市优秀博士学位论文""2022年度重庆大学优秀博士学位论文"。本书得以顺利出版，要感谢国家自然科学基金青年项目"质量不可证实下的软件外包合同设计研究（72201092）"和湖南省自然科学基金青年项目"信息安全服务采购策略与合同设计（2023JJ40188）"。书中外国人名是根据网易有道翻译软件翻译为中文，如有偏差，敬请谅解。由于时间仓促和水平有限，书中难免存在不足与疏漏之处，敬请读者批评指正！

目　　录

第1章

绪　　论

1.1　研究背景

信息技术服务外包（information technology outsourcing）指企业将信息技术（IT）部门的职能（如信息系统的开发和维护）外包给专业的 IT 供应商，利用 IT 供应商的专业技术知识和规模经济效应，降低企业运营管理的成本，增强企业的核心竞争力（Dey et al.，2010）。据调查，信息技术服务外包可以为企业节省 15% 左右的运营管理成本（Aberdeen Group，2006）；截至 2016 年，全球超过 72% 的企业将自身所需的信息技术服务外包给了专业的 IT 供应商，且该比例还在逐年增长（Deloitte，2016）。国际信息咨询公司 Beroe 的报告显示，2017 年全球信息技术服务外包市场规模为 3 940 亿美元，预计 2022 年该市场规模将增长至 5 310 亿美元（Beroe，2019）。我国已经成为全球第二大信息技术服务外包国（柯素芳，2019），2021 年 1 ~ 8 月我国企业承接离岸信息技术（软件）外包合同执行额为 1 960 亿元人民币，同比增长 17.5%

（商务部新闻办公室，2021）。

与标准化产品的采购相比，信息技术服务外包不仅仅是货与款的交换，它还包含了企业需求分析、硬件设备采购、系统设计和开发、数据安全维护等一系列复杂的流程（Chang et al.，2017）。毕马威（KPMG）的调查显示，信息技术服务外包合同的平均执行周期约为4年7个月（KPMG，2018）。较长的项目周期，使得信息技术服务外包合同签订前（事前）IT供应商的私有信息、服务过程中（事中）IT供应商的不可观测行为，以及服务完成后（事后）IT供应商不可证实的服务效果给企业造成严重的利润损失，同时也使得企业在设计信息技术服务外包合同时面临严峻的挑战。根据信息技术服务外包不同流程的特征，本书将企业在设计信息技术服务外包合同时面临的挑战分为三类：事前不对称信息，事中不可观测行为，事后不确定性风险。

（1）事前不对称信息。由于信息技术迅速更新换代，IT供应商往往具有关于自身服务能力的私有信息，且为了赚取信息租金以获取更高的收益，IT供应商通常不会主动披露自己的私有信息。企业事前对IT供应商私有信息的错误估计，可能会给接下来的信息技术服务外包带来巨大的损失，甚至导致项目的失败（Avison and Torkzadeh，2008）。例如，苏格兰警局错误地估计了埃森哲（Accenture）开发信息系统的能力，最终导致埃森哲无法在合同规定的时间及预算内交付系统，双方的信息技术服务外包项目被迫中止（Evenstad，2017）；澳大利亚昆士兰州政府控诉由于IBM没有如实地报告自己按时按预算交付信息系统的能力，导致该政府外包给IBM的医疗薪酬系统开发失败并损失了12.5亿澳元（Dolfing，2019）。联邦快递（Federal Express）、美国航空（American Airlines）和沃尔玛（Wal - Mart）等公司的成功案例中，企业都花费了大量的时间和成本了解IT供应商的服务能力（Avison and Torkzadeh，2008）。综上所述，IT供应商关于服务能力的私有信息会极大地影响企业信息技术服务外包项目的成败，如何获取IT供应商的私有信息，是企业设计信息技术服务外包合同时需要考虑的重要问题。

（2）事中不可观测行为。信息技术服务外包中，IT 供应商的服务努力通常具有不可观测性（non-observability）。例如，系统开发过程中，IT 供应商可能反复地修改了信息系统的设计方案，甚至下班之后都还在琢磨如何改进设计方案，但是企业只能观测到方案实现的最终效果（Dermdaly，2009）。信息技术服务外包的成功与否很大程度上取决于 IT 供应商的努力行为，但是努力的不可观测性导致企业很难直接通过合同条款对其进行明确的规定。同时，由于交易双方利益不一致，IT 供应商付出的努力和企业希望它所付出的努力往往存在差距（Cho et al.，2013）。例如，波音公司（Boeing）对其使用的 MAX 软件系统的要求为"安全可靠，质量最高，并符合所有适用法规"，但是它的 IT 供应商 HCL 主要考虑的是如何降低软件开发的成本；上述分歧使得 HCL 在开发 MAX 软件时降低了软件的可靠性，并最终导致了 2018 年 10 月狮航空难和 2019 年 3 月埃航空难（谭涵文，2019）。因此，如何有效地了解 IT 供应商真实的努力程度，并设计科学合理的薪酬方案以规制 IT 供应商的努力，对于企业的信息技术服务外包项目具有重要意义。

（3）事后不确定性风险。IT 供应商进行信息技术服务所产生的效果具有不可证实性（non-verifiability）。首先，信息系统的开发过程具有偶发性（contingency），企业很难在事前预估到所有的偶发事件，并在信息技术服务外包合同中制定相应的应对措施以保证服务的最终效果。例如，澳大利亚昆士兰州政府与 IBM 的信息技术服务外包合同中，交易双方事先预估的服务成本约为 600 万美元；外包开始后不久，由于许多偶发事件，该成本增加至 2 700 万美元，大幅度上升的成本极大地降低了 IBM 的服务效果（Magenest，2021）。其次，计算机代码具有易变性（volatility），即使是一段完全相同的代码，在不同的环境（包括计算机的硬件配置以及系统平台等）下运行，也可能会产生不同的效果（Krishnan et al.，2004），这使得信息技术服务的效果难以被精确度量（Fitoussi and Gurbaxani，2012）。最后，信息技术服务的个性化程度较高（如定制化的信息系统），企业对于信息技术服务效果的评判具有很强的主观性，不同企业对于同样的服务效果可能具有不同的满意程度且难以被第三方（如法院）证实。综上所述，企业很难在信息技术服务外包合同中对服务效果进行明确的规定，并且由于第三方难以在事后证实 IT 供应商的服务效果，因此即使合同中具有关于服务效果的条款，该条款也无法被保证顺利执行。但是，IT 供应商服务效果的优劣会直接影响企业的运营效率和收益。综上所述，如何通过合同设计来应对信息技术服务外包所具有的事后不确定性风险，是企业进行信息技术服务外包合同设计时需要考虑的重要问题。

信息技术服务外包合同设计已经成为理论研究和管理实践的焦点问题之一。既往的理论研究和管理实践主要采用甄别合同（screening contract）、监控（monitoring）和再谈判（renegotiation）来分别应对信息技术服务外包合同设计中存在事前不对称信息、事中不可观测行为和事后不确定性风险的情况（见图 1.1）。

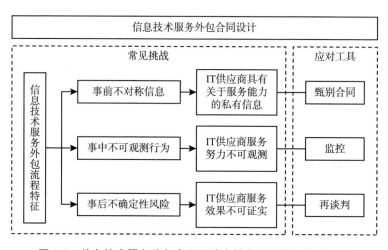

图 1.1　信息技术服务外包合同设计中的常见挑战和应对工具

（1）甄别合同。甄别合同是委托代理理论（principal-agent theory）中，获取代理人（IT 供应商）私有信息最常见的工具之一（Bolton and

Dewatripont，2005）。现实中，可能存在多种机制来获取 IT 供应商的私有信息，然而根据显示原理（revelation principle），企业只需要关注直接显示机制（direct revelation mechanism）即可（Myerson，1979）。甄别合同就是这样一种直接显示机制，它以合同菜单的形式，针对不同类型的 IT 供应商，给出不同形式的合同条款。其中，激励相容（incentive compatibility）约束条件确保了 IT 供应商一定会选择针对自己类型的合同条款；个人理性（individual rationality）约束条件保证了 IT 供应商一定会签订该合同。如此，企业就能通过 IT 供应商事前对于合同的选择来获取它的私有信息，即逆向选择（adverse selection）。甄别合同在涉及标准化产品的传统供应链中得到了深入的研究和广泛的应用（Cachon，2003）。但是在信息技术服务外包领域，关于甄别合同的应用以及企业信息价值的问题，却鲜少有学者关注。同时，关于信息技术服务中的重要因素（如系统调试时间和系统故障检出率等）对于企业信息价值以及信息技术服务利润的影响也是值得探讨的管理问题。

（2）监控。企业通过监控 IT 供应商的信息技术服务过程，如评估 IT 供应商的技术水平、审查信息系统开发日志、监督企业资源使用情况等（Nayab，2011），来应对 IT 供应商服务努力不可观测的问题，减少事中不可观测行为给企业带来的利润损失。同时，企业还可以通过监控 IT 供应商的服务过程，规制 IT 供应商提供信息技术服务时所付出的努力，降低 IT 供应商的道德风险（moral hazard）（Pierce et al.，2015），提高信息技术服务的质量（Gopal et al.，2011）。一方面，企业通常在时间材料合同[①]与收益共享合同两种合同形式中使用监控（Dey et al.，2010）。关于上述两种合同形式的理论研究，戴伊等（Dey et al.，2010）和巴塔恰亚等（Bhattacharya et al.，2014）都认为相比于时间材

[①]　时间材料合同（time-and-materails contract）指企业在有效观测到 IT 供应商信息技术服务投入成本和服务进度的基础上，按照 IT 供应商的成本进行支付的合同形式（张宗明，2013）。

料合同，收益共享合同解决 IT 供应商道德风险问题的效果更好，因此更推荐企业使用收益共享合同。但是在信息技术服务外包实践中，时间材料合同却比收益共享合同使用得更为广泛（Jaworski and Grela，2020）。另一方面，既往研究大多认为监控可以有效预防 IT 供应商的事后机会主义（ex post opportunism）（Gopal and Koka，2010；Benaroch et al.，2016），但是信息技术服务外包实践中，企业会主动选择同时使用监控和另一个具有事后机会主义性质的工具——再谈判（Auditor General，2015）。因此，探讨监控对于企业选择时间材料合同与收益共享合同的影响以及监控与再谈判的互动关系，可以解释既往理论研究与管理实践产生分歧的原因，并为企业的信息技术服务外包实践提供理论指导。

（3）再谈判。由于信息技术服务外包过程中具有诸多不确定性因素，企业很难在事前通过合同明确规定 IT 供应商的行为以及事后将实现的服务效果，然而企业可以在事后观测到 IT 供应商的服务效果。考虑到分配效率，企业可能根据事后观测到的服务效果，与 IT 供应商进行再谈判，修改事前合同中的相关条款。再谈判可以有效地减少不确定性风险给企业带来的损失，增加企业的收益（Che and Hausch，1999）。实践中，75% 以上的企业都选择了与 IT 供应商进行再谈判（James，2017）。但是既往文献大多认为再谈判是一种消极且昂贵的工具，企业使用再谈判会损害自身的利益（Bolton and Dewatripont，2005）。其次，在不考虑再谈判的情况下，既往文献普遍认为相比于固定价格合同，绩效合同可以解决供应商的道德风险问题，因此更推荐企业使用绩效合同（Dey et al.，2010）。但是信息技术服务外包实践中，考虑到再谈判被广泛使用，企业更愿意选择固定价格合同（Jaworski and Grela，2020）。因此，研究再谈判被广泛使用的原因，即再谈判对于信息技术服务外包的积极影响，以及再谈判对于企业选择固定价格合同与绩效合同的影响，可以解释既往理论研究与管理实践产生分歧的原因，并为企业的信息技术服务外包实践提供理论指导。

综上所述，针对信息技术服务外包合同设计中存在事前不对称信息、事中不可观测行为和事后不确定性风险的情况，应用甄别合同、监控和再谈判 3 种工具并结合固定价格合同、时间材料合同、收益共享合同和绩效合同 4 种合同形式，深入探讨信息技术服务外包合同的设计与选择问题，从而提高企业的利润并实现相应的运营管理目标，是具有重要意义的研究课题。

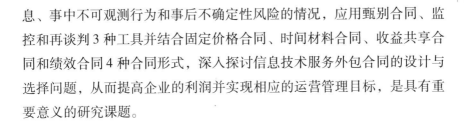

1.2　研究问题及意义

前文归纳了企业设计信息技术服务外包合同所面临的挑战，事前不对称信息、事中不可观测行为和事后不确定性风险，并介绍了相应的应对工具，甄别合同、监控和再谈判，以及相关的信息技术服务外包合同形式，固定价格合同、时间材料合同、收益共享合同和绩效合同。信息技术服务外包广泛应用于管理实践，但现有的关于信息技术服务外包合同的理论研究缺乏对上述应对工具的深入分析，且部分研究结论与管理实践存在差异。因此，本书将分别从事前不对称信息、事中不可观测行为和事后不确定性风险 3 个角度，针对以下几个重要问题展开研究：

（1）IT 供应商具有系统开发能力的私有信息情形下的合同设计。由于信息技术的快速更新换代，IT 供应商开发信息系统的能力往往是它的私有信息。同时，IT 供应商开发信息系统过程中所付出的努力无法被企业观测到。基于以上特征，企业在设计信息技术服务外包合同时，既需要考虑如何通过合同设计甄别 IT 供应商开发信息系统的能力，也需要考虑如何应对 IT 供应商的道德风险。既往研究大多仅探讨了如何通过绩效合同来解决 IT 供应商的道德风险问题（如，Dey et al.，2010；Roels et al.，2010；Cezar et al.，2014），鲜有文献研究信息技术服务外包合同中的逆向选择问题，同时考虑两者的研究更是几乎未见。因此理论上亟待解决的研究问题是：信息不对称情形下，企业如何设计绩效合同来获取 IT 供应商的私有信息并激励 IT 供应商的努力？IT 供应商的私有信息会如何影响自身收益、企业利润以及社会福利？信息技术服务外包中哪些因素的变化可以有效减少企业由于信息不对称而产生的利润损失？对于以上问题的回答（见第3章）将弥补信息不对称情形下合同理论研究的不足，并为企业的信息技术服务外包实践提供理论指导。

（2）IT供应商系统开发过程不可观测情形下考虑监控的合同设计。如何规制IT供应商系统开发过程中不可观测的努力一直是信息技术服务外包合同研究的核心问题之一。时间材料合同与收益共享合同中，企业可以通过监控IT供应商的系统开发过程来规制IT供应商开发信息系统所付出的努力。时间材料合同，即企业根据IT供应商所付出的努力支付相应报酬的合同形式；收益共享合同，即企业与IT供应商按照各自的谈判力（bargaining power）分配信息技术服务所产生的总利润的合同形式。既往研究认为，相比于时间材料合同，收益共享合同对于IT供应商努力的激励效果更好，因此更推荐企业使用收益共享合同（Dey et al.，2010；Bhattacharya et al.，2014），但是信息技术服务外包实践中企业大多使用时间材料合同（Grela and Jaworski，2018）。考虑到理论研究和管理实践的差异，亟待解决的研究问题是：理论研究和管理实践产生差异的原因是什么？为什么现实中企业很少使用收益共享合同？监控如何影响企业关于时间材料合同与收益共享合同的选择？对以上问题的回答（见第4章）将弥补关于时间材料合同与收益共享合同的选择问题中理论研究与管理实践的鸿沟，并为企业的信息技术服务外包实践提供理论指导。

（3）IT供应商系统故障数量不确定情形下考虑再谈判的合同设计。信息技术服务外包通常包括三个阶段：系统开发、系统调试和系统维护。由于系统维护阶段修补系统故障的成本高于系统调试阶段，若系统调试时间过短，会导致维护成本过高；反之若系统调试时间过长，会耽误系统的运行使用进而减少企业的利润。同时，由于系统开发过程中产生的系统故障数量具有事后不确定性，企业常在系统开发完成后借助再谈判来修改事前合同中关于调试时间的条款。在事前考虑到合同的不完备性（incompleteness）以及事后再谈判的可能性，相应的事前合同被称为不完全合同（incomplete contract）（Tirole，1999）。既往关于不完全合同的理论研究大多强调再谈判会产生套牢问题（hold-up problem），导致供应商努力不足（Che and Hausch 1999；Maskin and Moore，1999），但是现实中，再谈判却被广泛运用于信息技术服务外包中（Susarla，2012）。另外，戴伊等（Dey et al.，2010）认为在不考虑再谈判的情况下，相比于固定价格合同，绩效合同能够更好地激励 IT 供应商付出努力开发信息系统。但是，鉴于再谈判在信息技术服务外包实践中的广泛应用，企业更愿意选择固定价格合同（Jaworski and Grela，2020）。因此理论上亟待解决的研究问题是：再谈判对信息技术服务外包存在哪些积极影响？特别地，再谈判对激励 IT 供应商努力是否存在积极影响？再谈判是如何影响企业关于固定价格合同与绩效合同的选择？对以上问题的回答（见第 5 章）将不完全合同理论拓展到了信息技术服务外包领域，进一步丰富了相关理论，为企业信息技术服务外包实践提供理论指导。

（4）IT 供应商系统开发事中不可观测与事后不确定情形下的合同设计。固定价格合同和时间材料合同是信息技术服务外包中最为常见的两种合同形式（Gopal and Sivaramakrishnan，2008）。相比于固定价格合同，时间材料合同中企业可以通过使用有成本的监控将 IT 供应商不可观测的努力行为转化为公开信息，并激励 IT 供应商付出努力开发信息系统。另外，由于系统故障数量具有事后不确定性，企业常在系统开发完成后与 IT 供应商再谈判系统调试时间。有商业评论认为，由于信息技术快速更新换代，企业使用固定价格合同，并在事后与 IT 供应商进行再谈判更合适（Mathur，2016）。但事实上，大部分企业不喜欢再谈判（Shared Services and Outsourcing Network，2023），时间材料合同之所以被广泛使用，是因为它可以减少事后再谈判的可能性（Knoll and Pluszczewska，2024）。因此，关于时间材料合同与固定价格合同的选择策略在管理实践中存在争议，且理论上缺乏相关的研究；亟待解决的研究问题是：企业该如何选择自己的合同策略？是使用固定价格合同还是时间材料合同？事后是否与 IT 供应商进行再谈判？进一步，监控和再谈判两种工具之间存在怎样的互动关系？对以上问题的回答（见第 6 章）将丰富信息技术服务外包合同的相关理论研究，为企业信息技术服务外包实践提供理论指导。

1.3 研究思路、框架与内容

本书按以下思路展开研究。

第一，分析信息技术服务外包不同流程的特征，归纳出事前不对称信息、事中不可观测行为和事后不确定性风险三类设计信息技术服务外包合同时常见的挑战。同时，总结出理论研究和管理实践中针对上述三类挑战的应对工具，甄别合同、监控和再谈判，以及目前理论研究上存在的不足。

第二，针对事前不对称信息——IT 供应商具有关于服务能力的私有信息的情况，将甄别合同引入绩效合同的形式中，通过设计和分析最优的绩效合同，探讨 IT 供应商私有信息对于企业信息技术服务外包实践的价值，以及如何减少信息不对称给企业造成的利润损失（第 3 章）。

第三，针对事中不可观测行为——IT 供应商服务努力不可观测的情况，将监控引入时间材料合同与收益共享合同的形式中，分别在外生性和内生性监控水平情形下，设计最优的时间材料合同与收益共享合同，并探讨监控对于企业合同选择的影响（第 4 章）。

第四，针对事后不确定性风险——IT 供应商服务效果不可证实的情况，将再谈判引入固定价格合同与绩效合同的形式中，分别在存在与不存在再谈判情形下，设计最优的固定价格合同与绩效合同，并探讨再谈判对于企业合同选择的影响（第 5 章）。

　　第五，针对事中不可观测行为和事后不确定性风险，分别在存在与不存在再谈判情形下，设计最优的固定价格合同与时间材料合同，并通过分析监控与再谈判之间的互动关系，探讨企业最优的合同策略（第6章）。

　　基于以上研究思路，本书的研究框架如图1.2所示。本书针对信息技术服务外包合同设计中存在事前不对称信息、事中不可观测行为和事后不确定性风险的情况，应用甄别合同、监控和再谈判3种工具并结合固定价格合同、时间材料合同、收益共享合同和绩效合同四种合同形式，深入探讨了信息技术服务外包合同的设计与选择问题。各章节研究内容紧密联系又有明显区别，是本书主题"信息技术服务外包合同设计研究"在不同方面的重要体现。

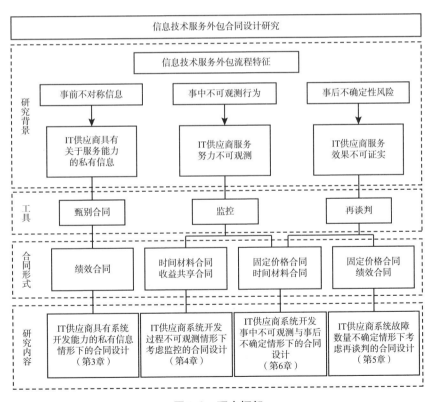

图1.2　研究框架

本书主要内容共分7章，具体安排如下：

第1章，绪论，首先介绍了本书的研究背景，提出了研究问题并说明了研究意义；其次阐明了研究思路、框架与内容，介绍了研究方法；最后总结了本书的创新点和贡献。

第2章，国内外研究综述。首先介绍了信息技术服务外包相关研究，包括信息技术服务外包合同与软件可靠性（software reliability）的理论文献。其次梳理了合同理论研究中，与本书密切相关的3个应对工具，甄别合同、监控和再谈判的理论文献。最后对既往文献存在的研究缺失进行了总结。

第3章，IT供应商具有系统开发能力的私有信息情形下的合同设计。研究IT供应商具有关于开发信息系统能力的私有信息的情况下，企业如何通过设计绩效合同甄别IT供应商的能力并激励IT供应商付出努力开发信息系统的问题。本章将分别在对称和不对称信息下设计绩效合同，并比较企业与IT供应商的最优决策，分析IT供应商私有信息的价值，探讨如何减少信息不对称给企业带来的利润损失。

第4章，IT供应商系统开发过程不可观测情形下考虑监控的合同设计。研究企业监控IT供应商系统开发过程以应对IT供应商道德风险的情形下，企业关于时间材料合同与收益共享合同的选择问题。本章将分别在外生性和内生性的监控水平下设计最优的时间材料合同与收益共享合同，并探讨监控对于激励IT供应商努力以及企业合同选择的影响。

第5章，IT供应商系统故障数量不确定情形下考虑再谈判的合同设计。针对企业可以在系统开发完成后与IT供应商再谈判系统调试时间这一现实背景，研究企业关于固定价格合同与绩效合同的选择问题。本章将分别在存在与不存在再谈判情形下设计最优的固定价格合同与绩效合同，并分析再谈判对于解决信息技术服务外包不确定性风险以及企业合同选择的影响。

第6章，IT供应商系统开发事中不可观测与事后不确定情形下的合同设计。考虑企业可以监控IT供应商系统开发过程，并在系统开发完成后与 IT 供应商再谈判系统调试时间的情形下，研究企业关于监控与再谈判两种工具的选择问题以及相应的合同策略。本章将分别在存在与不存在再谈判的情况下设计最优的固定价格合同与时间材料合同，分析监控与再谈判两种工具的互动关系，探讨企业的最优合同策略。

第 7 章，结论与展望。对全书研究工作进行总结，归纳本书的主要结论和管理启示，并对后续研究工作进行展望。

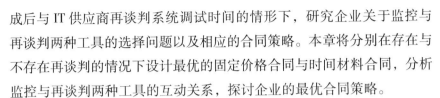

1.4 研究方法

本书是一个涉及合同理论、谈判博弈、软件可靠性工程等多个研究方向的交叉研究。主要采用数理建模和优化分析的方法，对各个管理问题进行理论研究。并通过现实案例中的具体数据，对研究结果进行算例分析，以检验、扩展和直观展示部分理论研究的结果。各部分研究内容都涉及多阶段决策，因此整体上用逆向归纳法进行求解。具体研究方法如下：

（1）第 3 章：企业获取 IT 供应商私有信息并激励 IT 供应商努力的合同设计中，需要将逆向选择问题与道德风险问题相结合，采用含有约束的多元非线性优化方法进行求解。在探讨重要参数对企业决策和信息价值的影响时，需要用到比较静态分析法。

（2）第 4 章：设计含有企业监控行为的合同时，需要同时考虑激励相容约束条件与个人理性约束条件，采用双层规划问题分析方法进行求解。收益共享合同的最优报酬需要采用纳什谈判博弈（Nash Bargaining Game）模型进行求解。设计最优时间材料合同时涉及高次方程，需采用卡尔达诺（Cardano）公式进行求解。

（3）第 5 章：系统调试模型需要用到非齐次泊松过程（Non-Homogeneous Poisson Process）的相关理论，并采用非线性优化方法求解再谈判后的调试时间。需要采用双层规划问题分析方法设计最优的固定价格合同和绩效合同。分析再谈判对信息技术服务外包的影响，需要用到对比分析方法以及部分特殊不等式（如 Hadamard 不等式）。

（4）第 6 章：需要先构建系统故障出现过程符合非齐次泊松过程特征的系统调试模型，并采用非线性优化方法求解再谈判后的系统调试时间。然后，合同设计时需要同时考虑激励相容约束条件与个人理性约束条件，并采用双层规划问题分析方法进行求解。探讨监控与再谈判之间的互动关系时，需要用到对比分析等方法。探讨信息系统需求复杂度等因素对于信息技术服务外包合同的影响时，需要用到比较静态分析法。

第2章

国内外研究综述

本书针对信息技术服务外包存在事前不对称信息、事中不可观测行为和事后不确定性风险的情况，研究甄别合同、监控和再谈判对于企业信息技术服务外包合同设计和合同选择的影响，属于结合了信息技术服务外包与合同理论两个重要领域的一项交叉型研究。本书将分别针对上述两个领域梳理相关文献，包括信息技术服务外包领域中关于信息技术服务外包合同和软件可靠性的文献，以及合同理论领域中关于甄别合同、监控和再谈判的文献。然后本书将总结现有研究的不足，进而明确本书研究的理论意义。国内外研究综述的整体框架如图2.1所示。

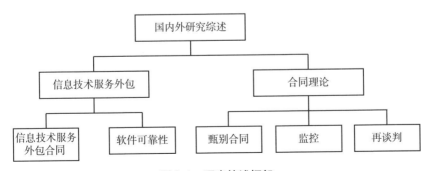

图 2.1　研究综述框架

2.1 信息技术服务外包相关研究

信息技术服务外包是近年来学界和业界都十分关注的热门领域，相关文献非常丰富，且已有多位学者从不同角度对信息技术服务外包相关研究进行了综述。莱斯汀等（Lacity et al.，2010）对 1992～2010 年发表的 164 篇信息技术服务外包实证研究文献进行了整理和分析，发现影响信息技术服务外包决策的主要变量有外包动机、交易属性、企业特征等，影响信息技术服务外包结果的主要变量有企业和 IT 供应商的能力、交易双方关系特征、合同管理等。卡恩等（Khan et al.，2011a）整理了研究企业和 IT 供应商关系隔阂的 98 篇文献，并从语言文化障碍、国家不稳定因素、项目管理缺陷、知识产权保护缺陷、技术能力缺陷等方面分析了企业与 IT 供应商关系存在矛盾的原因。卡恩等（Khan et al.，2011b）整理了研究企业如何选择 IT 供应商的 122 篇文献，发现成本节约程度、技术熟练程度、基础设施完善程度、产品服务质量高低、外包关系好坏等因素对于企业选择 IT 供应商至关重要。梁等（Liang et al.，2016b）对 1992～2013 年发表的 280 篇信息技术服务外包文献进行了整理和分析，总结了包括信息技术服务外包动机、信息技术服务外包风险、交易成本理论应用、企业与 IT 供应商关系、合同形式、多源采购等在内的 12 个研究主题。施耐德和苏尼亚耶夫（Schneider and Sunyaev，2016）整理分析了 2014 年以前研究云计算服务外包的 88 篇文献，发现信息技术服务外包中部分重要因素（如资产专用性、企业技术水平、企业规模等）对于云计算外包决策的影响力较小。有学者整理了 2000～2018 年发表的 91 篇研究信息技术服务外包决策的文献，并从技术因素、组织因素、环境因素和用户采纳因素 4 个方面总结和预测了信息技术服务外包未来研究的趋势（Hanafizadeh and Zareravasan，2020）。

2.1.1　信息技术服务外包合同

既往关于信息技术服务外包合同的研究主要考虑如何通过合同设计激励 IT 供应商不可观测的努力行为，即通过合同设计应对 IT 供应商的道德风险问题。黄兴（Whang，1995）注意到由于 IT 供应商的学习效应和软件代码的可复用性（reusability），IT 供应商的报价会低于其边际成本，即虚报低价（low-balling）。进一步，他发现相比于信息技术招标（逆向拍卖），企业直接选择一个 IT 供应商并与之签订产权共享合同可以更好地激励 IT 供应商。戴伊等（Dey et al.，2010）建立了关于软件外包合同的理论模型，并比较了不同形式的合同对于 IT 供应商努力和企业收益的影响。解慧慧等（2012）针对 IT 供应商是风险厌恶者的情况，研究了引入保险机制对于信息技术服务外包合同设计以及 IT 供应商努力的影响。张宗明等（2013）针对 IT 供应商努力效果具有不确定性的情况，研究了固定价格合同、时间材料合同与收益共享合同对于 IT 供应商努力的影响。石晓军等（2013）探讨了如何在信息技术服务外包合同中嵌入一个"中期检查"的触发期权以激励 IT 供应商努力的问题。顾建强等（2016）研究了信息安全外包背景下企业如何通过合同设计来激励 IT 供应商的努力水平，从而有效控制信息安全风险的问题。然和哈兹拉（Jain and Hazra，2019）考虑市场上存在两个 IT 供应商的情况下，竞争对于 IT 供应商事前投资 IT 基础设施（包括购买软件许可证，雇用具备技术能力的员工，在企业所在地建立软件交付中心等）的影响。巴塔恰亚等（Bhattacharya et al.，2018）针对市场上存在多个 IT 供应商的情况，比较了多源采购和单源采购对 IT 供应商努力的影响。胡伊等（Hui et al.，2019）针对市场上存在多个企业的情况，研究了具有不同法律责任的信息技术服务外包合同对于 IT 供应商努力的影响。

存在多阶段道德风险的情况下，吴等（Wu et al.，2013）分析了 IT 供应商的学习效应对于最优合同设计的影响。切扎尔等（Cezar et al.，2014）研究了信息安全预防和信息安全检测之间存在的互补关系对于企业合同设计的影响。唐国锋等（2013）针对IT供应商需要在硬件及软件建设等多阶段投入努力的情况，设计了相应的正式合同与关系合同，并比较了这两种合同形式对IT供应商的激励效果。

存在双边道德风险的情况下，罗斯等（Roels et al.，2010）研究了努力效果具有不确定性风险时，企业对于固定价格合同、时间材料合同以及绩效合同的选择问题。李等（Lee et al.，2013）考虑了企业具有外部性的特征，提出了一种多边合同来应对双边道德风险。巴塔恰亚等（Bhattacharya et al.，2014）比较了时间材料合同与收益共享合同对于企业和IT供应商共同付出努力提高信息技术服务质量的影响。程平和陈艳（2012）针对信息产品开发过程中企业与IT供应商利益不一致的情况，设计了相应的收益共享合同以激励企业与IT供应商的共同努力。石晓军等（2015）针对企业与IT供应商共同付出努力的情况，为企业设计了一种含有实物期权的两阶段付款合同以解决IT供应商的道德风险问题。

少数文献考虑了信息技术服务外包中存在私有信息的情况。赵等（Zhao et al.，2014）考虑了存在两个IT供应商时，企业是否应该通过共享自己的私有信息（该私有信息会影响IT供应商的服务成本）来加剧或抑制IT供应商的竞争，从而获得更多的收益。刘克宁等（2014）针对供应商具有关于产品开发成本的私有信息的情况，研究了企业如何设计甄别合同获取供应商私有信息并激励供应商努力的问题。

以上文献均假设信息技术服务外包合同具有完备性，但是现实中由于信息技术服务外包中发生的事件具有偶发性（Che and Hausch，1999），交易双方的行为具有不可观测性（Susarla，2012）以及信息服务的效果具有不可证实性（Fitoussi and Gurbaxani，2012）等特征，信息技术服务外包合同通常是不完备的。里奇蒙等（Richmond et al.，1992）针对信息技术服务外包合同具有不完备性的情况，比较了外包与采用内部开发团队对于系统开发人员努力的影响。本纳洛克等（Benaroch et al.，2010）构建了一个包含再谈判的后备采购模型，研究了企业和 IT 供应商的成本效应和价值效应。进一步，他们通过对合同签订时加入的期权条款进行定价分析，探讨了再谈判对于交易双方进行公平补偿的价值。巴塔恰亚等（Bhattacharya et al.，2015）考虑了风险厌恶的 IT 供应商与风险中性的企业序贯付出努力开发产品的情况，并设计了再谈判预防合同（renegotiation-proof contract）以应对信息技术服务外包合同的不完备性。阿纳德和戈亚尔（Anand and Goyal，2019）考虑了信息技术服务外包中的道德因素，分析了道德对于合同中知识产权共享和交易双方声誉的作用，并指出再谈判是一种短视的行为。李小卯（2002）考虑了信息技术服务外包合同的不完备性会产生套牢问题的情况，探讨了企业如何通过合同设计缓解套牢现象。张旭梅等（2018）研究了当 IT 供应商具有关于服务能力的私有信息时，信息技术服务外包合同的变更策略。

　　部分实证文献从交易成本理论和产权理论的角度，对信息技术服务外包合同的不完备性进行了研究。安德森和德克（Anderson and Dekker，2005）研究了具有机会主义风险的亲密合作伙伴如何构建和控制重要交易的问题，并发现交易成本会受到合同中权力转让、售后服务以及法律追索权等条款的影响。格夫里尔（Gurbaxani，2007）指出由于技术和业务的不确定性，导致信息技术服务外包的交易成本较高，交易双方难以签订有效的合同。进一步，他发现资产转移合同条款可以降低信息技术服务外包的交易风险。陈和巴拉德瓦杰（Chen and Bharadwaj，2009）基于交易成本理论，分别在固定价格合同与时间材料合同中，研究了交易行为和交易关系对于合同条款以及合同功能延展性的影响。苏萨拉（Susarla，2010）考虑了由于信息技术服务外包合同的不完备性而导致专有性投资不足的情况，研究了合同功能的延展性对于缓解投资不足的影响。本纳洛克等（Benaroch et al.，2016）针对交易行为和交易双方关系均能影响信息技术服务外包事前和事后成本的情况，研究了企业在固定价格合同与时间材料合同之间的选择问题以及合同选择与合同功能延展性之间的权衡问题。章等（Chang et al.，2017）基于产权理论，研究了资产转移对于企业合同设计以及 IT 供应商投资激励的影响。

2.1.2　软件可靠性

软件可靠性描述了信息系统在某一段时间内运行而不出现系统故障的属性，管理信息系统领域的学者通常用它来刻画信息系统的质量。戈尔和奥本（Goel and Okumoto，1979）指出系统故障的出现过程符合非齐次泊松过程的特征，进而提出了 Goel – Okumoto 模型，它是使用最为广泛的软件可靠性预测模型（Jiang et al.，2017）。埃尔利希等（Ehrlich et al.，1993）通过使用 AT&T 贝尔实验室系统 T 的故障数据，分析了 Goel – Okumoto 模型的准确性和有效性。彭和张（Pham and Zhang，1999）基于 Goel – Okumoto 模型构建了软件可靠性—成本模型，并推导了最优的系统调试时间。江等（Jiang et al.，2012）将系统调试时间和系统发布时间分离开，研究了信息系统运行阶段 IT 供应商继续为企业提供系统调试服务（即发布后调试）的策略。奥古斯特和斯库（August and Niculescu，2013）进一步分析了软件市场需求对于发布后调试时间的影响。江等（Jiang et al.，2017）研究了软件市场中存在的口口相传效应和网络效应对于 Beta 调试①的影响，并推导了最优的系统调试时间以及最优的调试用户数量。

软件工程领域，不少学者基于非齐次泊松过程，提出了其他的软件可靠性预测模型。山田等（Yamada et al.，1983）将系统调试阶段检测系统故障的过程细分为故障发现过程和故障隔离过程，进而提出了延迟的 S 型（delayed S-shaped）软件可靠性预测模型。大场（Ohba，1984）考虑了系统故障之间存在相互作用的情况，提出了内弯的 S 型（inflection S-shaped）软件可靠性预测模型。山田等（Yamada et al.，1985）

---

① Beta 调试是指软件的一个或多个用户在自己的实际使用环境下进行调试的模式。

考虑了系统调试阶段不同系统故障修补的难易程度不同的情况，提出了改良的指数型（modified exponential）软件可靠性预测模型。奥本（Okumoto，1985）考虑了系统故障检出率存在指数递减现象的情况，提出了泊松执行时间为对数的（logarithmic poisson execution time）软件可靠性预测模型。山田等（Yamada et al.，1986，1993）研究了 IT 供应商与时间相关的努力行为和检测到的故障数量对于软件可靠性的共同作用效果，进而提出了依赖调试努力的（testing-effort-dependent）软件可靠性预测模型。山田等（Yamada et al.，1992）考虑了执行系统调试过程对于系统功能集的影响，提出了依赖系统调试域的（testing-domain-dependent）软件可靠性预测模型。

马敏书等（2003）针对层次型软件系统，提出了一种同时基于系统静态结构特性和动态执行特性的软件可靠性预测模型。张永强和刘彦瑞（2006）针对软件可靠性预测模型与其应用情景不一致的问题，提出了一种基于未确知集（unascertained set）的软件可靠性预测模型的选择方法。杨娟等（2011）构建了一个基于随机集证据推理——贝叶斯网络的军事信息系统软件可靠性预测模型。王强等（2013）针对大型复杂软件系统中软件结构风格的多样性，提出了一种基于结构分析的软件可靠性预测模型。陆阳等（2014）考虑了模型参数估计的统计特征对于软件可靠性的影响，提出了一种基于矩估计的软件可靠性关键参数判定方法。杨剑锋和胡文生（2020）分析了系统故障检测和修补过程与外在失效性过程之间的关系，建立了考虑用户行为和排错延迟的可靠性软件预测模型。

以上文献都将系统开发过程和系统调试过程分离开，且只研究系统调试过程。但是现实中，系统开发和系统调试通常是同时存在的（Blackburn et al.，2000）。冀等（Ji et al.，2005）针对同时存在系统开发和系统调试的情况，优化了 IT 供应商的系统开发努力水平和系统调试努力水平，他们发现系统开发和系统调试同时进行的情况下 IT 供应商承担的成本将远小于系统开发和系统调试序贯进行的情况下 IT 供应商承担的成本。在此模型的基础上，冀等（Ji et al.，2011）进一步推导了信息系统的最优生命周期，并探讨了信息系统的复杂度和信息系统的质量等因素对于信息系统生命周期的影响。大仁田和达利瓦尔（Onita and Dhaliwal，2011）考虑了系统开发和系统调试子单元之间存在依赖关系的情况，研究了两者如何通过一个同步模型协同工作的问题。夏等（Xia et al.，2016）考虑了系统开发需要开发团队协作分工的特点，分析了系统开发子团队之间的沟通效率对于团队整体协作能力和生产力的影响。卡纳安等（Kannan et al.，2016）研究了企业通过安装系统补丁以修补系统故障（漏洞）的行为对于 IT 供应商利润、市场份额、软件维护阶段决策以及社会福利的影响。

2.2　合同理论相关研究

合同理论是经济学门类下的一个热门学科，博尔顿和德瓦特里庞（Bolton and Dewatripont，2005）全面系统地介绍了该理论的研究内容和研究成果。从经济学的角度定义，合同是对缔约者的预期行为（责任与义务）的具体表述，是交易关系不可或缺的一个组成部分。任何的交易，都需要某种形式的合同（隐式的或显式的、他执的或自执的、短期的或长期的）来规范、媒介、激励和治理。合同理论则是从理论层面为合同的性质、作用、形式、设计和应用提供简约、便利的分析框架与方法，是一门以合同为核心，以博弈论为方法，研究激励、信息和经济制度的正式理论。近几十年来，合同理论被广泛运用于供应链管理领域以规制供应商的隐藏行动和获取供应商的私有信息。

2.2.1　甄别合同

甄别合同，指企业根据一组合同菜单来获取 IT 供应商私有信息的合同形式。根据显示原理：在不对称信息下，对于具有私有信息的供应商可能具有的每一种信息类型只需要考虑一种合同，但是每种类型的 IT 供应商都有动机选择适合它的合同（Myerson，1979）。例如，假设一个企业与 IT 供应商签订信息技术服务外包合同，IT 供应商可能存在两种开发能力（高能力和低能力），但是企业无法分辨别其能力的高低。显示原理表明，对企业来说，它仅需要考虑两种合同就可以获取 IT 供应商的私有信息，一种是针对高能力 IT 供应商的合同，另一种是针对低能力 IT 供应商的合同，但是两种合同必须是激励相容的。激励相容，指 IT 供应商选择针对自己类型的合同所获得的收益大于针对另一种类型 IT 供应商所获得的收益，它保证了 IT 供应商会主动选择针对自己类型的合同。

供应链管理领域，大量的学者研究甄别合同以帮助采购方应对供应商具有私有信息的情况。克莱玛等（Crama et al.，2008）考虑供应商具有科研创新成功概率的私有信息，研究了具有风险厌恶的买方如何通过设计最优的授权合同获取供应商信息并规制供应商研发努力的问题。杨等（Yang et al.，2009）针对供应商具有供应中断风险的私有信息的情况，探讨了采购方如何通过合同设计获取供应商私有信息的问题，并探讨了采购方的最优后备采购策略。恰卡尼尔德尔姆等（Çakanyıldırım et al.，2012）在供应商具有生产成本的私有信息的情况下，分析了采购方如何通过合同设计获取供应商的私有信息并协调供应链的问题。张等（Zhang et al.，2014）针对风险厌恶的供应商具有生产效率的私有信息的情况，研究了固定价格合同、成本补偿合同、采购控制合同、绩效合同和关系合同五种合同形式的最优合同设计问题，并探讨了买方的合同选择策略。高（Gao，2015）认为供应商长期具有供应风险的私有信息且该信息随着世界的变化而变化，他研究了买方如何通过设计动态长期合同来获取供应商每个阶段的私有信息的问题。博兰迪法尔等（Bolandifar et al.，2018）分析了市场需求不确定时供应商需要在事前进行产能投资且产能的单位成本为其私有信息的情况下，买方如何通过合同设计获取供应商的私有信息并应对不确定性风险的问题。尼库法尔和居米什（Nikoofal and Gümüş，2018）考虑了供应商具有关于生产可靠性的私有信息，研究了制造商如何设计最优绩效合同与时间材料合同以获取供应商的私有信息并激励供应商付出努力提高生产质量的问题。尼库法尔和居米什（Nikoofal and Gümüş，2019）针对供应商可以选择是否通过技术诊断获取关于自身生产可靠性的信息的情况，研究了买方如何通过合同设计促使供应商获取自身的生产可靠性信息并真实地披露给买方的问题。甘等（Gan et al.，2019）针对供应商具有生产成本的私有信息且该私有信息会影响供应商保留利润的情况，研究了买方如何通过最优合同设计获取供应商私有信息的问题。特别地，他们发现该情况下买方可以通过最优合同实现供应链协调，且不需要向任何类型的供应商支付信息租金。

张煜和汪寿阳（2011）针对供应商具有关于安全状态的私有信息的情况，研究了采购方如何通过合同设计获取供应商的安全状态信息并激励供应商进行自身安全状态监控投资的问题。黄河等（2015）在供应商具有供应初始可靠性的私有信息的情况下，探讨了采购方如何通过最优合同设计获取供应商私有信息并激励供应商付出努力提高初始可靠性的问题。申笑宇等（2015）考虑了供应商具有供应初始可靠性的私有信息的情况，研究了制造商流程改进和采购策略联合优化下的最优合同设计问题。杨亚等（2016）针对供应商具有农产品新鲜度的私有信息的情况，通过合同设计协调了生鲜农产品供应链，并分析了该私有信息对于生鲜农产品供应链的影响。陈晓红等（2020）在供应商具有排污治理成本的私有信息的情况下，分析并比较了企业通过对赌式合同和两部定价合同获取供应商私有信息并解决供应商道德风险问题的效率。

少数文献考虑了供应链竞争环境下供应商具有私有信息的情况。杨等（Yang et al.，2012）针对两个具有自身供应中断风险信息的供应商，研究了采购方如何通过合同设计获取供应商私有信息的问题，并探讨了采购方的最优双源采购策略。邵等（Shao et al.，2020）针对一个具有私有成本信息的新兴供应商和一个不具有私有信息的传统供应商，研究了两个买方如何同时选择供应商并设计最优合同获取新兴供应商私有信息的问题；进一步，他们探讨了供应商的私有信息对于买方竞争的影响。

部分学者考虑了采购方具有私有信息的情况。阿坎等（Akan et al.，2011）在采购方具有市场容量的私有信息的情况下，分析了供应商如何设计服务外包合同获取采购方私有信息的问题；他们发现该情况下两部定价合同使得供应商的收益与完全信息下供应商的收益相同。李等（Li et al.，2015）针对采购方具有市场需求信息以及存在两个生产成本不同的供应商的情况，研究了供应商如何通过合同设计赢得采购合同并获取采购方市场需求信息的问题。张等（Zhang et al.，2018）考虑买方具有供应商服务价值的私有信息的情况，分析并比较了供应商通过设计钟点合同（hourly-rate contract）和两部定价合同获取买方私有信息的效率，以及如何规制供应商付出不可观测努力为买方提供服务的问题。高和米什拉（Gao and Mishra，2019）针对采购方具有市场演进（market evolution）的私有信息的情况，研究了供应商如何通过长期合同获取零售商私有信息的问题，并探讨了私有信息对于采购方和供应商之间战略互动的影响。徐鸿雁等（2012）在采购方具有销售能力的私有信息的情况下，研究了供应商如何通过设计长期合同来获取采购方的私有信息并激励采购方的销售努力的问题。金亮（2018）考虑采购方拥有消费者匹配成本的私有信息，分析并比较了固定批发价格合同、低批发价格合同和高批发价格合同的设计问题，以及供应商的合同选择问题。

还有学者研究了存在两个采购方的情况。孔等（Kong et al.，2013）针对一个具有市场需求信息的在位者和一个不具有市场需求信息的进入者，分析并比较了供应商如何设计最优收益共享合同和批发价格合同以进行单源/双源采购的问题。他们进一步探讨了供应商如何通过合同设计获得市场需求信息并将该信息泄露给进入者以获得最大收益的问题。

综上所述，甄别合同在涉及标准化产品的传统供应链中得到了深入的研究与广泛的应用。但是在信息技术服务外包领域，关于甄别合同的应用以及企业的信息价值问题，却鲜有学者关注。同时，关于信息技术服务中的重要因素（如系统调试时间和系统故障检出率等）对于企业信息价值的影响也是值得探讨的研究问题。因此，本书第 3 章将主要研究信息技术服务外包领域，企业如何通过甄别合同获取 IT 供应商的私有信息，以及信息系统的调试时间和系统故障检出率对于企业信息价值的影响。

2.2.2 监控

监控在委托代理理论中一直被视作治理委托人与代理人关系的一种有效工具（Beer and Qi，2018）。一方面，监控可以将代理人不可观测的努力行为转化成公开信息（Liang et al.，2016a），同时激励代理人付出更多的努力（Duflo et al.，2012；Loughry and Tosi，2013；Pierce et al.，2015）。进一步，监控（内控与外控）还可以解决战略联盟短期合作所产生的合同风险问题（郭焱等，2004）。另一方面，监控也可能被视作一种不信任而伤害委托人与代理人的关系（Frey，1993）。福克和科斯菲尔德（Falk and Kosfeld，2006）通过实验研究发现监控作为一种不信任的信号，将会给使用它的委托人带来高额的隐藏成本。

信息技术服务外包领域，监控可以帮助企业了解系统开发的难度（Jain et al.，2011），降低系统开发的风险（Keil et al.，2003；Chen and Bharadwaj，2009），提高信息系统的质量（Gopal et al.，2011）。但是，监控也会给企业带来高额的使用成本，从而使得部分企业拒绝在信息技术服务外包实践中使用监控工具（Bajari and Tadelis，2001；Susarla et al.，2009）。

戴伊等（Dey et al.，2010）分析了固定价格合同、时间材料合同、绩效合同和收益共享合同四种常见的信息技术服务外包合同形式，指出企业可以通过时间材料合同与收益共享合同来实现对IT供应商信息系统开发过程的监控。进一步，戴伊等（Dey et al.，2010）和巴塔恰亚等（Bhattacharya et al.，2014）均认为，相比于时间材料合同，收益共享合同解决信息技术服务外包中IT供应商的道德风险问题的效果更好，因此他们更推荐企业选择收益共享合同。但是信息技术服务外包实践中，时间材料合同比收益共享合同使用得更为广泛（Jaworski and Grela，2020）。本书的第4章将探讨理论研究与管理实践产生分歧的原因，以及监控对于企业选择时间材料合同与收益共享合同的影响。

另外，既往文献大多认为监控还可以有效地预防IT供应商的事后机会主义（Gopal and Koka，2010；Benaroch et al.，2016），但是在信息技术服务外包实践中，既存在企业主动选择同时使用监控与另一个具有事后机会主义性质的工具（再谈判）的情况（Auditor General，2015），也存在企业单独使用监控或者再谈判的情况。因此，本书将在第6章分析监控与再谈判两种工具之间的互动关系，并为企业提供最优的信息技术服务外包合同策略。

2.2.3　再谈判

再谈判事前合同在经济学领域获得了广泛的关注和深入的研究，博尔顿和德瓦特里庞（Bolton and Dewatripont，2005）将相关研究大致划分为两类：逆向选择下的再谈判和道德风险下的再谈判。前者主要针对合同设计者在签订合同之前不清楚缔约方的类型信息（如生产成本等）的情况，研究事后再谈判对于通过合同设计获取缔约方私有信息的影响。该类研究的经典结论为：再谈判降低了合同设计者通过最优甄别合同获取缔约方私有信息的效率（Hart and Moore，1988；Laffont and Tirole，1990)。道德风险下的再谈判研究则主要针对交易方在签订合同后具有隐藏行动的情况，研究事后再谈判对于通过合同设计规制缔约方行为的影响。该类研究的经典结论为：由于投资（付出努力）方担心交易的另一方在事后再谈判中攫取自己事中投资（努力）的收益（即，套牢问题）（Che and Hausch，1999)，因此再谈判通常导致投资（付出努力）方投资（努力）不足（Maskin and Moore，1999)。

信息技术服务外包领域，李小卯（2002）针对再谈判使得企业可能面临两种"不公平"的条件，提出了以市场为诱饵的项目评价机制和合同设计方法。本纳洛克等（Benaroch et al.，2010）构建了包含再谈判的后备采购模型，并通过在初始合同中嵌入期权定价机制对交易双方进行公平补偿。巴塔恰亚等（Bhattacharya et al.，2015）考虑了交易双方事后可能再谈判信息技术服务外包合同的情况，设计了相应的再谈判预防合同。安纳德和戈亚尔（Anand and Goyal，2019）研究了信息技术服务外包合同中道德对于知识产权共享和双方声誉的作用，并指出再谈判是一种短视的合同策略。

以上文献均认为再谈判是一种消极且昂贵的工具，企业使用再谈判会损害自身的利益。但是高德纳咨询公司（Gartner Group）的调查显示，现实中大约75%的企业选择了与IT供应商再谈判信息技术服务外包合同（James，2017）。那么，企业选择与IT供应商再谈判的动机是什么？再谈判能否给企业的信息技术服务外包实践带来积极影响？企业在哪些情况下应当选择与IT供应商进行再谈判？本书将在第5章和第6章回答上述问题。

2.3　文献总结与评述

通过对国内外相关文献的细致梳理，本书发现关于信息技术服务外包合同的研究是当今管理学的热门与前沿研究，且既往文献在以下几个

方面存在较大的缺失：

（1）不对称信息下信息技术服务外包合同设计研究文献比较缺乏。在信息技术服务外包领域，既考虑 IT 供应商具有私有信息，又考虑 IT 供应商存在道德风险问题的研究几乎未见。特别地，还未有学者就信息技术服务外包中的一些重要因素（如系统调试时间和系统故障检出率）对于企业信息价值的影响进行分析。

（2）考虑监控如何影响企业对于时间材料合同与收益共享合同的选择的研究还很不充分。特别地，还未有学者对既往文献的研究结论与信息技术服务外包实践存在矛盾的原因做出详细解释。

（3）考虑再谈判对于企业信息技术服务外包影响的研究比较缺乏。特别地，虽然管理实践中大部分的企业选择再谈判信息技术服务外包合同以获得更高的收益，但理论上还未见有学者分析再谈判对于 IT 供应商努力以及企业信息技术服务外包收益的积极影响。

（4）同时考虑企业对于监控与再谈判两种工具的使用以及相应的最优合同策略的研究几乎未见。特别地，还未有学者对既往文献认为监控可以预防事后机会主义但信息技术服务外包实践中企业主动同时使用监控和再谈判，这一矛盾的原因做出详细解释。

上述未被充分探讨的领域是信息技术服务外包合同的重要研究方向。本书将分别在不对称信息情形下、企业监控情形下、企业再谈判情形下以及同时存在监控和再谈判情形下研究企业的合同设计与合同选择问题，从而填补以上几个方面的研究不足，丰富信息技术服务外包领域的合同设计研究。

第3章

IT 供应商具有系统开发能力的
私有信息情形下的合同设计

3.1 引　言

随着信息技术服务外包的飞速发展和普及，越来越多的企业开始向专业化的 IT 供应商外包信息系统。毕马威的调查报告显示，2017 年全球的信息技术服务外包合同金额高达 1 372 亿美元（KPMG，2018）；中国工业和信息化部的统计显示，2017 年我国信息技术服务外包行业实现利润总额 7 020 亿元人民币（工业和信息化部，2018）。

与标准化产品的采购相比，信息技术服务外包具有以下两个显著特征：

首先，信息技术服务外包通常包括三个阶段：系统开发、系统调试和系统维护。例如，苏格兰警局和埃森哲（Evenstad，2017）、加拿大卫生部和 IBM（Auditor General，2015）等信息技术服务外包的现实案例中，信息技术服务均包含了系统开发、系统调试和系统维护三个阶段。系统开发阶段，IT 供应商付出努力为企业开发定制化的信息系统，且该努力是 IT 供应商的私有行动，很难被企业观测到。现实中，越来越多的企业根据 IT 供应商所开发信息系统的质量来支付 IT 供应商报酬，即使用绩效合同（Sudhakar，2024）。绩效合同往往根据系统故障预测数量来度量信息系统的质量（Dey et al.，2010）。

其次，由于信息技术的快速更新换代，IT 供应商开发信息系统的能力往往是它的私有信息。对于 IT 供应商能力的错误估计，可能给企业的信息技术服务外包项目带来巨大的风险（Avison and Torkzadeh，2008）。例如，由于埃森哲开发信息系统的能力有限，无法在规定的时间及预算内降低系统故障数量，最终，苏格兰警局不得不终止与埃森哲的合同（Evenstad，2017）。联邦快递、美国航空和沃尔玛等公司的成功案例中，企业都需要花费大量的时间和成本来了解 IT 供应商的技术水平（Avison and Torkzadeh，2008）。

基于以上特征，企业在设计信息技术服务外包合同时，既需要考虑如何激励 IT 供应商付出努力开发信息系统（即 IT 供应商的道德风险问题），也需要考虑如何通过信息技术服务外包合同甄别 IT 供应商开发信息系统的能力（即逆向选择问题）。既往关于信息技术服务外包合同的理论研究，大多只考虑了如何通过合同设计应对 IT 供应商的道德风险问题。戴伊等（Dey et al.，2010）和张宗明等（2013）比较了不同类型的合同对于 IT 供应商的激励效果。切扎尔等（Cezar et al.，2014）探讨了存在两个 IT 供应商时，企业该如何选择 IT 供应商并设计信息技术服务外包合同的问题。罗尔斯等（Roels et al.，2010）、李等（Lee et al.，2013）和巴塔恰亚等（Bhattacharya et al.，2014）研究了企业和 IT 供应商同时需要付出努力（即存在双边道德风险）时的信息技术服务外包合同设计问题。信息不对称的问题在关于信息技术服务外包合同的研究中十分稀少。赵等（Zhao et al.，2014）考虑了存在两个 IT 供应商时，企业是否应该通过共享自己的私有信息（该私有信息会影响 IT 供应商的服务成本）来加剧或抑制 IT 供应商的竞争，进而获得更多的收益。张旭梅等（2018）研究了当 IT 供应商具有关于服务能力的私有信息时，信息技术服务外包合同的变更策略。另外，一些实证文献分析了信息技术服务外包目标（Fitoussi and Gurbaxani，2012）、系统开发风险（Gefen et al.，2008；Srivastava and Teo，2012）、合同选择（Gopal and Sivaramakrishnan，2008；Benaroch et al.，2016）和资产转移（Chang et al.，2017）等因素对于信息技术服务外包合同的影响。与上述文献不同，本章采用委托代理模型，针对 IT 供应商不仅具有开发信息系统能力的私有信息，而且它在系统开发过程中所付出的努力对于企业不可见的情况，研究了企业关于绩效合同的设计问题。

与本章相关的另一类文献涉及软件可靠性预测模型的研究。软件可靠性描述了信息系统在某一段时间内运行而不出现系统故障的属性，管理信息系统领域的学者通常用它来刻画信息系统的质量。戈尔和奥本（Goel and Okumoto，1979）指出系统故障的出现过程是一种非齐次泊松过程，进而提出了 Goel‐Okumoto 模型。在此基础上，彭和张（Pham and Zhang，1999）提出了软件可靠性—成本模型，并推导了最优的系统调试时间。江等（Jiang et al.，2012）研究了信息维护阶段 IT 供应商继续为企业提供系统调试服务的策略。奥古斯特和尼古拉斯（August and Niculescu，2013）研究了系统调试与信息系统市场需求之间的相互作用关系。江等（Jiang et al.，2017）研究了信息系统 Beta 调试对 IT 供应商收益的影响。上述文献均采用 Goel‐Okumoto 软件可靠性预测模型，而本章采用 S 型软件可靠性预测模型（Yamada et al.，1983），它被广泛运用于软件工程领域，但是在管理信息系统领域却几乎未见。相比于 Goel‐Okumoto 模型假设 IT 供应商在系统调试过程中的效率恒定不变，S 型模型刻画了 IT 供应商在系统调试过程中可以不断学习，从而逐渐提高调试效率的特征。因此，S 型模型可以更好地反映 IT 供应商进行系统调试的现实情况，采用 S 型模型也使得本章可以为企业的信息技术服务外包实践提供更有价值的参考依据和指导意见。

综上所述，本章采用 S 型模型，构建了一个包含系统开发、调试和维护的多阶段信息技术服务外包模型，并着重研究当 IT 供应商不仅具有开发信息系统能力的私有信息，而且它开发过程中的努力行为对于企业不可见时，企业关于绩效合同的设计问题。研究发现，不对称信息下，企业可以通过设计最优合同菜单来甄别不同能力的 IT 供应商，但是需要向高能力 IT 供应商支付信息租金。同时，最优合同菜单可以有效地规制高能力 IT 供应商系统开发过程中的努力行为，但是相比于信息对称的情况，不对称信息下低能力 IT 供应商系统开发过程中付出的努力会减少。低能力 IT 供应商努力不足的现象和企业向高能力 IT 供应商支付信息租金的行为都会降低企业的期望利润。增加系统调试阶段的调试时间或者选择系统故障检出率高的 IT 供应商，可以降低高能力 IT 供应商的信息租金和减缓低能力 IT 供应商努力不足的现象，进而减少信息不对称给企业带来的利润损失。

3.2　模型描述

　　考虑企业向 IT 供应商外包一套定制化的信息系统。IT 供应商的外包服务包括 3 个阶段：系统开发、系统调试和系统维护。系统开发阶段，IT 供应商基于原型信息系统（prototype information system）为企业开发定制化的信息系统，以满足企业对于信息系统功能的需求。开发完成后，交易双方根据系统故障预测数量来度量信息系统的质量（McPeak，2017）。假设原型信息系统的故障预测数量为 B_{PIS}，IT 供应商付出努力 $e(e \geqslant 0)$ 将定制化信息系统的故障预测数量降低为 $B_{CIS} = B_{PIS} - e + \varepsilon$，其中 ε 是一个期望值为 0 的随机变量，用以描述系统开发过程中 IT 供应商通过努力降低系统故障预测数量的不确定性。由于现实中不存在完美的系统，即系统故障数量不可能为零，因此假设原型信息系统的故障预测数量 B_{PIS} 足够大，从而使得 $B_{PIS} - e + \varepsilon > 0$ 恒成立。假设市场上存在两种类型的 IT 供应商——高能力（H）和低能力（L），高（低）能力 IT 供应商开发信息系统的成本为 $e^2/2c_H(e^2/2c_L)$，且 $c_H > c_L > 0$。从企业的角度来看，它面临的 IT 供应商具有高（低）能力的概率为 $\rho(1-\rho)$。

系统调试阶段，IT 供应商花费时间 t 来检测和修补定制化信息系统中的故障。现实中，系统调试时间 t 通常依据 IT 供应商过往开发信息系统的经验来确定。本章假设系统调试的过程符合 S 型软件可靠性预测模型的特征（Yamada et al.，1983），即 t 时刻，$i(i = H or L)$ 能力 IT 供应商调试的信息系统中预计剩余的系统故障数量为 $\tilde{B}_{CIS}(t) = B_{CIS}(1 + \lambda t)$ $\exp(-\lambda t)$，其中 λ 表示信息系统的故障检出率。系统调试阶段，IT 供应商修补系统故障的成本为 $\omega_t[B_{CIS} - \tilde{B}_{CIS}(t)]$，其中 $\omega_t(\omega_t > 0)$ 是该阶段修补系统故障的单位成本。

系统维护阶段，信息系统被交付给了企业并投入运行。当信息系统运行出现故障时，IT 供应商需要付出成本进行修补，且通常认为该阶段修补故障的单位成本大于系统调试阶段修补故障的单位成本（McPeak，2017）。因此，系统维护阶段 IT 供应商的成本为 $(\omega_t + \omega_m)\tilde{B}_{CIS}(t)$，其中 $\omega_m(\omega_m > 0)$ 是系统维护阶段比系统调试阶段修补故障增加的单位成本。

综上所述，i 能力 IT 供应商的总成本 C_i 为：

$$C_i = e^2/2c_i + \omega_t[B_{CIS} - \tilde{B}_{CIS}(t)] + (\omega_t + \omega_m)\tilde{B}_{CIS}(t) \quad (3.1)$$

与戴伊等（Dey et al.，2010）的研究相似，本章假设企业的效用随着定制化信息系统总故障数量的增加（即信息系统质量降低）而递减，即：

$$U = V - uB_{CIS} \quad (3.2)$$

其中，V 是故障数量为零时，定制化信息系统对于企业的价值；u 是企业对于系统故障的敏感程度。

考虑到 IT 供应商具有关于自身开发信息系统能力的私有信息，企业可以通过设计一组绩效合同菜单（一个针对高能力 IT 供应商的合同和一个针对低能力 IT 供应商的合同）来甄别 IT 供应商的类型。绩效合

同的形式为 $\{F_j,\ r_j\}$ $(j=H or L)$，其中 $F_j(F_j\geqslant0)$ 是 IT 供应商提供信息技术服务的固定报酬，$r_j(r_j\geqslant0)$ 是 IT 供应商减少系统故障预测数量所获得的单位报酬（Dey et al.，2010）。因此，IT 供应商的总报酬为 $F_j+r_j(B_{PIS}-B_{CIS})$。值得注意的是，当 $B_{PIS}-B_{CIS}\geqslant0$ 时，IT 供应商减少了定制化信息系统的故障预测数量，此时 $r_j(B_{PIS}-B_{CIS})$ 是关于 IT 供应商绩效的奖金；当 $B_{PIS}-B_{CIS}<0$ 时，IT 供应商增加了定制化信息系统的故障预测数量，此时 $r_j(B_{PIS}-B_{CIS})$ 是关于 IT 供应商绩效的罚金。

图 3.1 描述了事件发生的顺序。①IT 供应商开发系统的能力信息实现，但是企业并不知晓；②企业设计一组合同菜单；③IT 供应商选择合同并付出努力开发信息系统；④系统开发完成，IT 供应商对信息系统进行调试。系统调试结束后，IT 供应商将信息系统交付给企业，并为企业提供系统维护服务。模型中涉及的符号定义如表 3.1 所示。

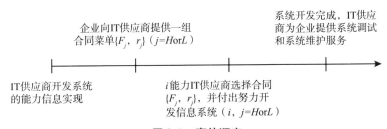

图 3.1　事件顺序

表 3.1　　　　　　　　　　　　　　　　　符号表

符号	定义	符号	定义
B_{PIS}	原型信息系统的故障预测数量	ω_t	系统调试阶段 IT 供应商修补系统故障的单位成本
B_{CIS}	定制化信息系统的故障预测数量	ω_m	IT 供应商在系统维护阶段比在系统调试阶段修补系统故障增加的单位成本

符号	定义	符号	定义
$\tilde{B}_{CIS}(t)$	系统调试至 t 时刻后，定制化信息系统剩余的故障预测数量	C	IT 供应商的总成本
e	IT 供应商开发信息系统付出的努力	U	企业的总效用
ε	系统开发过程中 IT 供应商通过努力所提高信息系统质量效果的不确定性	V	企业的基准效用
c_H, c_L	IT 供应商开发信息系统的能力	u	企业对系统故障的敏感程度
$\rho, 1-\rho$	IT 供应商具有高能力和低能力的概率	F	IT 供应商提供信息技术服务的固定报酬
t	系统调试时间	r	IT 供应商减少系统故障数量的单位报酬
λ	系统故障检出率		

3.3　甄别合同设计

根据逆向归纳法，本节首先分析 IT 供应商在给定合同下的最优努力决策，然后分别研究企业在信息对称及不对称情形下的绩效合同设计问题。

3.3.1　IT 供应商的最优努力

若高（低）能力 IT 供应商选择合同 $\{F_j, r_j\}$ $(j = H\,or\,L)$，它将付出努力 $e_H^j(e_L^j)$ 开发信息系统。此时，高（低）能力 IT 供应商的期望收益 $\pi_{s_H}(\pi_{s_L})$ 如下所示，其中下标字符"s_i"表示 $i(i = H\,or\,L)$ 能力 IT 供应商，字符"e_i^j"表示 i 能力 IT 供应商选择了合同 $\{F_j, r_j\}$ 后付出的

努力：

$$\pi_{s_i}(e_i^j \mid F_j, r_j) = E_\varepsilon \big[F_j + r_j (B_{PIS} - (B_{PIS} - e_i^j + \varepsilon)) - e_i^{j2}/2c_i$$
$$- (\omega_t + \omega_m (1 + \lambda t) \exp(-\lambda t))(B_{PIS} - e_i^j + \varepsilon) \big]$$

$$(3.3)$$

最大化 IT 供应商的期望收益，可以得到以下引理。

引理 3.1：若给定合同 $\{F_j, r_j\}$（$j = H \text{or} L$），则高能力和低能力 IT 供应商开发信息系统付出的最优努力分别为 $e_H^j = c_H(r_j + \omega_t + \omega_m (1 + \lambda t) \exp(-\lambda t))$ 和 $e_L^j = c_L(r_j + \omega_t + \omega_m (1 + \lambda t) \exp(-\lambda t))$。

证明：由公式（3.3）可得，IT 供应商的期望收益 π_{s_i} 关于努力 e_i^j 的一阶导为 $\partial \pi_{s_i} / \partial e_i^j = r_j - e_i^j/c_i + \omega_t + \omega_m (1 + \lambda t) \exp(-\lambda t)$，当该一阶导为零时得方程 $r_j - e_i^j/c_i + \omega_t + \omega_m (1 + \lambda t) \exp(-\lambda t) = 0$。解方程，可得 i 能力 IT 供应商的努力为 $e_i^j = c_i [r_j + \omega_t + \omega_m (1 + \lambda t)] \exp(-\lambda t)$。同时可得 IT 供应商的期望收益 π_{s_i} 关于努力 e_i^j 的二阶导为 $\partial^2 \pi_{s_i} / \partial e_i^{j2} = -1/c_i$，即 $\partial^2 \pi_{s_i} / \partial e_i^{j2} < 0$。

证毕。

引理 3.1 表明，一方面，给定合同 $\{F_j, r_j\}$，IT 供应商开发信息系统付出的努力 e_i^j 与它自身开发信息系统的能力 c_i 正相关。换言之，IT 供应商开发信息系统的能力越大，则它在系统开发过程中付出的努力越多。另一方面，IT 供应商开发信息系统付出的努力分别与系统调试时间 t 和信息系统的故障检出率 λ 负相关。IT 供应商在系统调试阶段检测并修补系统故障的数量会随着系统调试时间（系统故障检出率）的减少（降低）而递减。系统调试时间（系统故障检出率）越短（越低），系统维护阶段信息系统可能产生的系统故障数量就越多，从而导致较高的系统维护成本。为了降低系统维护成本，IT 供应商会在系统开发阶段付出更多的努力，降低信息系统总的故障数量 B_{CIS}。因此，系统调试时间越短（系统故障检出率越低），则 IT 供应商在系统开发过程中付出的努力越多。

3.3.2　对称信息下企业的最优外包合同

对称信息下，当 IT 供应商开发信息系统的能力 c_i 实现后，企业根据 IT 供应商的能力 c_i 给出相应的信息技术服务外包合同 $\{F_i, r_i\}$（$i = HorL$）。此时，企业的决策问题如下所示，上标字符"S"表示对称信息，下标字符"b_i"表示面对 i 能力 IT 供应商的企业：

$$\max_{(F_i, r_i)} \pi_{b_i}^S = E_\varepsilon [V - u(B_{PIS} - e_i^* + \varepsilon) - F_i - r_i(e_i^* - \varepsilon)]$$

s. t.

$$(\mathrm{IR})\,\pi_{s_i}(e_i^* \mid F_i, r_i) \geqslant 0 \tag{3.4}$$

$$e_i^* = \mathrm{argmax}\,\pi_{s_i}(e_i \mid F_i, r_i)$$

$$F_i, r_i \geqslant 0\ (i = HorL)$$

假设 IT 供应商的保留利润为 0，且该信息是公开信息。问题（3.4）中，"IR"为个人理性约束，该约束保证了 IT 供应商接受合同所获得的期望收益不低于其保留利润；e_i^* 是 IT 供应商在相应合同下的最优努力决策。

命题 3.1：对称信息下，若 IT 供应商的能力为 c_i，则企业的最优合同 $\{F_i^S, r_i^S\}$ 为：$F_i^S = (\omega_t + \omega_m(1 + \lambda t)\exp(-\lambda t))B_{PIS} - c_i(u + \omega_t + \omega_m(1 + \lambda t)\exp(-\lambda t))^2/2$，$r_i^S = u(i = HorL)$。此时，$i$ 能力 IT 供应商的努力为 $e_i^S = c_i(u + \omega_t + \omega_m(1 + \lambda t)\exp(-\lambda t))$。

证明：为了最大化自身利润，企业会尽可能降低 F_i，从而使得（IR）约束取等号，故 $F_i^S = e_i^{*2}/2c_i + (\omega_t + \omega_m(1 + \lambda t)\exp(-\lambda t))(B_{PIS} - e_i^*) - r_i e_i^*$；根据引理 3.1 可得 e_i^*。将最优固定报酬 F_i^S 和最优努力 e_i^* 代入问题（3.4），可得：

$$\max_{r_i} \pi_{b_i}^S = V - (u + \omega_t + \omega_m(1 + \lambda t)\exp(-\lambda t))B_{PIS}$$

$$- c_i(r_i + \omega_t + \omega_m(1 + \lambda t)\exp(-\lambda t))^2/2$$

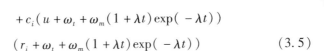

$$(r_i + \omega_t + \omega_m(1 + \lambda t)\exp(-\lambda t)) \tag{3.5}$$

求解问题（3.5）可得 $r_i^S = u$。将 $r_i^S = u$ 代入 F_i^S 和 e^*，即可得到企业的最优合同 $\{F_i^S, r_i^S\}$ 以及 i 能力 IT 供应商的最优努力。

证毕。

由命题 3.1 可知，对称信息下，IT 供应商降低系统故障预测数量的单位报酬 r_i^S 与企业对于系统故障的敏感程度 u 正相关。企业对于系统故障的敏感程度越高，信息系统中的总故障数量对于企业的负效用也就越大。此时，企业会设置一个较高的单位报酬 r_i^S，以激励 IT 供应商付出更多的努力降低系统故障数量，提高信息系统质量。

由于存在两种类型的 IT 供应商，对称信息下企业的期望利润为 $\pi_b^S = \rho\pi_{bH}^S + (1 - \rho)\pi_{bL}^S$。由命题 3.1 可得，$\pi_b^S = V - (u + \omega_t + \omega_m(1 + \lambda t)\exp(-\lambda t))B_{PIS} + (\rho c_H + (1 - \rho)c_L)(u + \omega_t + \omega_m(1 + \lambda t)\exp(-\lambda t))^2/2$。进一步分析企业的期望利润，可以得到以下推论。

推论 3.1： 对称信息下，企业的期望利润 π_b^S 是关于 ρ 的增函数，其中 ρ 表示 IT 供应商具有高能力的概率。

证明：易得企业的期望利润 π_b^S 关于 ρ 的一阶导大于零，即 $\partial\pi_b^S/\partial\rho > 0$。

证毕。

由推论 3.1 可知，相比于低能力 IT 供应商，高能力 IT 供应商在系统开发过程中付出的努力给企业带来的边际收益更大。因此企业面对的 IT 供应商具有高能力的概率 ρ 越大，则企业的期望利润越高。

3.3.3　不对称信息下企业的最优外包合同

现实中，IT 供应商开发信息系统的能力和系统开发阶段付出的努力分别是它的私有信息和隐藏行动，企业在设计信息技术服务外包合同时不仅需要甄别 IT 供应商开发信息系统的能力，还需要承担 IT 供应商不可观测努力所带来的道德风险。此时企业的合同设计如下所示，上标字符"A"表示"不对称信息"：

$$\max_{\substack{(F_H, r_H) \\ (F_L, r_L)}} \pi_b^A = \rho E_\varepsilon \left[V - u(B_{PIS} - e_H^H + \varepsilon) - F_H - r_H(e_H^H - \varepsilon) \right]$$

$$+ (1 - \rho) E_\varepsilon \left[V - u(B_{PIS} - e_L^L + \varepsilon) - F_L - r_L(e_L^L - \varepsilon) \right]$$

s. t.

$$(IR - L) \pi_{s_L}(e_L^L \mid F_L, r_L) \geqslant 0$$

$$(IR - H) \pi_{s_H}(e_H^H \mid F_H, r_H) \geqslant 0$$

$$(IC - L) \pi_{s_L}(e_L^L \mid F_L, r_L) \geqslant \pi_{s_L}(e_L^H \mid F_H, r_H) \qquad (3.6)$$

$$(IC - H) \pi_{s_H}(e_H^H \mid F_H, r_H) \geqslant \pi_{s_H}(e_H^L \mid F_L, r_L)$$

$$e_i^* = \text{argmax} \pi_{s_i}(e_i \mid F_i, r_i)$$

$$F_i, r_i \geqslant 0 (i = H or L)$$

问题（3.6）中，由于企业只知道 IT 供应商能力的分布概率，故目标函数是分别向两类 IT 供应商外包信息系统所得利润的期望。"IC"为两类 IT 供应商的激励相容约束，该约束保证了 IT 供应商会如实地报告自身开发信息系统的能力，即高（低）能力 IT 供应商选择针对自身的合同得到的期望收益不小于它选择针对低（高）能力 IT 供应商的合同，其中 e_i^j 表示 i 能力 IT 供应商在合同 $\{F_j, r_j\}$ 中的最优努力水平。"IR"为两类 IT 供应商的个人理性约束。

定义 $\Gamma(F_j, r_j) = \pi_{s_H}(e_H^j \mid F_j, r_j) - \pi_{s_L}(e_L^j \mid F_j, r_j)$，即在相同合同下高能力 IT 供应商比低能力 IT 供应商多获得的收益。$\Gamma(F_j, r_j)$ 可以有效地帮助我们分析信息不对称对于企业设计最优外包合同的影响。分析 $\Gamma(F_j, r_j)$，可以得到以下引理。

引理 3.2： 给定合同 $\{F_j, r_j\}$ （$j = H or L$），$\Gamma(F_j, r_j) > 0$ 恒成立。

证明：由定义可得 $\Gamma(F_j, r_j) = (c_H - c_L) [r_j + \omega_t + \omega_m(1 + \lambda t) \exp(-\lambda t)]^2 / 2$，故 $\Gamma(F_j, r_j) > 0$。

证毕。

由引理 3.2 可知，相同合同下，高能力 IT 供应商的期望收益一定大于低能力 IT 供应商的期望收益。利用引理 3.2，可以简便地求解问题（3.6），并得到以下命题。

命题 3.2：不对称信息下，企业的最优外包合同 $\{F_H^A, r_H^A\}$ 和 $\{F_L^A, r_L^A\}$ 以及高（低）能力 IT 供应商的努力 $e_H^A(e_L^A)$ 如表 3.2 所示，其中 $F_H^A = e_H^{A2}/2c_H + (\omega_t + \omega_m(1+\lambda t) \cdot \exp(-\lambda t))(B_{PIS} - e_H^A) - r_H^A e_H^A + \Gamma(F_L^A, r_L^A)$，$F_L^A = e_L^{A2}/2c_L + (\omega_t + \omega_m(1+\lambda t)\exp(-\lambda t)) \cdot (B_{PIS} - e_L^A) - r_L^A e_L^A$。

表 3.2　　　　　　　　　　**不对称信息下的最优决策**

企业对系统故障的敏感程度	最优决策			
	IT 供应商获得的单位报酬		IT 供应商的努力	
	r_H^A	r_L^A	e_H^A	e_L^A
$0 < u \leqslant \dfrac{\rho(c_H - c_L)l}{(1-\rho)c_L}$	u	0	$c_H(u+l)$	$c_H l$
$u > \dfrac{\rho(c_H - c_L)l}{(1-\rho)c_L}$	u	$\dfrac{(1-\rho)c_L u - \rho(c_H - c_L)l}{(1-\rho)c_L + \rho(c_H - c_L)}$	$c_H(u+l)$	$\dfrac{(1-\rho)c_L^2(u+l)}{(1-\rho)c_L + \rho(c_H - c_L)}$

注：$l = \omega_t + \omega_m(1+\lambda t)\exp(-\lambda t)$。

证明：由定义 $\Gamma(F_j, r_j)$ 可得，问题（3.6）中，（IC－L）和（IC－H）约束分别等价于：

$$\pi_{s_H}(e_H^H) - \pi_{s_L}(e_L^L) \leqslant \Gamma(F_H, r_H); \tag{3.7}$$

$$\pi_{s_H}(e_H^H) - \pi_{s_L}(e_L^L) \geqslant \Gamma(F_L, r_L) \tag{3.8}$$

由引理 3.2 $[\Gamma(F_j, r_j) > 0]$ 和（IR－L）约束（$\pi_{s_L}(e_L^L) \geqslant 0$）可得，为最大化自身利润，企业会尽可能降低 F_H 和 F_L，从而使（IC－H）约束和（IR－L）约束取等号，故：

$$F_H = e_H^{H2}/2c_H + (\omega_t + \omega_m(1 + \lambda t)\exp(-\lambda t))(B_{PIS} - e_H^H)$$
$$- r_H^H e_H^H + \Gamma(F_L, r_L);$$

$$F_L = e_L^{L2}/2c_L + (\omega_t + \omega_m(1 + \lambda t)\exp(-\lambda t))(B_{PIS} - e_L^L) - r_L^L e_L^L$$

另外，由于（IC – L）约束和（IR – H）约束为松约束，故将最优固定报酬 F_H 和 F_L 代入问题（3.6），可得问题（3.6）等价于：

$$\max_{r_H}\{\rho(V - u(B_{PIS} - e_H^H) - e_H^{H2}/2c_H - (\omega_t + \omega_m(1 + \lambda t)\exp(-\lambda t))(B_{PIS} - e_H^H))\};$$

$$(3.9a)$$

$$+ \max_{r_L}\{(1 - \rho)(V - u(B_{PIS} - e_L^L) - e_L^{L2}/2c_L - (\omega_t + \omega_m(1 + \lambda t)\exp(-\lambda t))$$

$$(B_{PIS} - e_L^L)) - \rho\Gamma(F_L, r_L)\}$$

$$(3.9b)$$

根据引理 3.1 可得 e_H^H 和 e_L^L。将 e_H^H 和 e_L^L 代入问题（3.9a）和问题（3.9b），并分别求解它们，可得 r_H^A 和 r_L^A。将 r_H^A 和 r_L^A 代入 F_H、F_L、e_H^H 和 e_L^L，即可得到企业的最优合同 $\{F_H^A, r_H^A\}$ 和 $\{F_L^A, r_L^A\}$ 以及 i 能力 IT 供应商的最优努力。

证毕。

由命题 3.2 可知，不对称信息下，针对高能力 IT 供应商的最优外包合同中，IT 供应商降低系统故障预测数量的单位报酬 r_H^A 与企业自身对于系统故障的敏感程度 u 在数值上相等。针对低能力 IT 供应商的最优外包合同中，当企业对于系统故障的敏感程度较小时，IT 供应商降低系统故障预测数量的单位报酬 r_L^A 为 0，此时，企业不激励低能力 IT 供应商付出努力开发信息系统；当企业对于系统故障的敏感程度较大时，企业会给予低能力 IT 供应商一个正的单位报酬 r_L^A，但是该单位报酬小于企业给予高能力 IT 供应商的单位报酬，即 $r_L^A < r_H^A$。这是由于高能力 IT 供应商付出努力给企业带来的边际收益大于低能力 IT 供应商，因此，不对称信息下，企业对于高能力 IT 供应商付出努力的激励大于对于低能力 IT 供应商付出努力的激励。另外，不对称信息下，低能力 IT 供应商付出的努力小于高能力 IT 供应商，且高能力 IT 供应商获得的关于努力的单位报酬大于低能力 IT 供应商。为了避

免低能力 IT 供应商假装成高能力 IT 供应商，企业可以通过给予低能力 IT 供应商一个更高的固定报酬来甄别不同能力的 IT 供应商，即 $F_L^A > F_H^A$。

进一步分析命题 3.2 发现，不对称信息下，低能力 IT 供应商的期望收益为 0，但是高能力 IT 供应商的期望收益为 $\Gamma(F_L^A, r_L^A)$。因此，高能力 IT 供应商在不对称信息下获得的信息租金等于它选择针对低能力 IT 供应商的合同时比低能力 IT 供应商多获得的期望收益。此时，企业的期望利润为：（i）当企业对于系统故障的敏感程度较小时，$0 < u \leqslant \rho(c_H - c_L)l/(1-\rho)c_L$，企业的期望利润为 $\pi_b^A = V - (u+l)B_{PIS} + \rho c_H u^2/2 + (\rho c_H + (1-\rho)c_L)ul + c_L l^2/2$；（ii）当企业对系统故障的敏感程度较大时，$u > \rho(c_H - c_L)l/(1-\rho)c_L$，企业的期望利润为 $\pi_b^A = V - (u+l)B_{PIS} + (\rho c_H/2 + (1-\rho)^2 c_L^2(\rho c_H + c_L - 3\rho c_L)/2((1-\rho)c_L + \rho(c_H - c_L))^2)(u+l)^2$。分析企业的期望利润发现，虽然高能力 IT 供应商通过信息不对称获得信息租金的现象会减少企业的期望利润，但是高能力 IT 供应商在系统开发过程中付出的努力更多，且高能力 IT 供应商努力的边际收益更大。同时，高能力 IT 供应商付出努力给企业带来的收益大于企业向高能力 IT 供应商支付的信息租金。因此，与推论 3.1 类似，不对称信息下，企业面对的 IT 供应商是高能力 IT 供应商的概率 ρ 越大，则企业的期望利润越高。

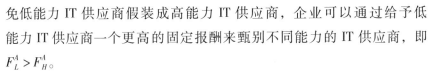

3.4　信 息 价 值

本节首先分析 IT 供应商的私有信息对于 IT 供应商努力以及企业设计最优外包合同的影响；其次讨论 IT 供应商的私有信息对于 IT 供应商收益、企业利润以及社会福利的影响。

3.4.1 私有信息对于 IT 供应商和企业最优决策的影响

根据命题 3.1 和命题 3.2，比较信息对称与信息不对称情况下 IT 供应商的最优努力和 IT 供应商降低系统故障预测数量获得的单位报酬，可以得到以下推论。

推论 3.2：当 IT 供应商具有高的开发信息系统能力时，不对称信息下它的最优努力和降低系统故障预测数量获得的单位报酬等于对称信息下的最优值（$e_H^A = e_H^S$，$r_H^A = r_H^S$）；当 IT 供应商具有低的开发信息系统能力时，不对称信息下它的最优努力和降低系统故障预测数量获得的单位报酬小于对称信息下的最优值（$e_L^A < e_L^S$，$r_L^A < r_L^S$）。

证明：比较命题 3.1 和命题 3.2，信息对称与信息不对称情况下，i 能力 IT 供应商获得的单位报酬以及付出的努力，即可得该推论。

证毕。

推论 3.2 表明，一方面，不对称信息下，企业会通过适当的合同激励（即 IT 供应商降低系统故障预测数量获得的单位报酬 r_H^A），使得高能力 IT 供应商在系统开发阶段付出的努力与信息对称情况下相同。此时，企业的最优信息技术服务外包合同可以有效地规制高能力 IT 供应商开发信息系统所付出的努力。另一方面，由于高能力 IT 供应商付出努力给企业带来的边际收益大于低能力 IT 供应商，因此，为了甄别 IT 供应商的能力，企业会减少针对低能力 IT 供应商的努力激励 r_L^A（相比于信息对称情况下的努力激励 r_L^S）。进一步，较低的努力激励 r_L^A 会导致低能力 IT 供应商开发信息系统付出的努力相比于对称信息下的有所减少，即 $e_L^A < e_L^S$，该现象被定义为努力不足现象。不对称信息下，企业为了甄别不同能力的 IT 供应商而导致的低能力 IT 供应商努力不足的现象会降低社会福利。

推论 3.3：（i）当 $0 < u \leqslant \rho (c_H - c_L)(\omega_t + \omega_m (1 + \lambda t) \exp(-\lambda t))/$

$(1-\rho)c_L$ 时，系统调试时间 t 和 IT 供应商的系统故障检出率 λ 对于规制低能力 IT 供应商努力不起作用；（ii）当 $u > \rho(c_H - c_L)[\omega_t + \omega_m(1 + \lambda t)\exp(-\lambda t)]/(1-\rho)c_L$ 时，增加系统调试时间 t 或者选择系统故障检出率 λ 高的 IT 供应商，可以减少信息对称与信息不对称情况下低能力 IT 供应商的最优努力之差。

证明：（i）当 $0 < u \leqslant \rho(c_H - c_L)[\omega_t + \omega_m(1 + \lambda t)\exp(-\lambda t)]/(1-\rho)c_L$ 时，可得 $\partial(e_L^S - e_L^A)/\partial t = 0$，$\partial(e_L^S - e_L^A)/\partial \lambda = 0$；

（ii）当 $u > \rho(c_H - c_L)[\omega_t + \omega_m(1 + \lambda t)\exp(-\lambda t)]/(1-\rho)c_L$ 时，可得 $\partial(e_L^S - e_L^A)/\partial t < 0$，$\partial(e_L^S - e_L^A)/\partial \lambda < 0$。

证毕。

由推论 3.3 可知，当企业对于系统故障敏感程度较小时，企业没有激励低能力 IT 供应商付出努力降低系统故障预测数量的动机。因此，增加系统调试时间 t 或者选择系统故障检出率 λ 高的 IT 供应商，对于规制低能力 IT 供应商努力不起作用。

当企业对于系统故障敏感程度较大时，增加系统调试时间 t 或者选择系统故障检出率 λ 高的 IT 供应商，可以缓解低能力 IT 供应商在信息不对称情况下产生的努力不足现象，从而减少由于 IT 供应商努力不足而降低的社会福利。这主要是由于较长的系统调试时间 t 或者较高的系统故障检出率 λ，会降低 IT 供应商付出努力开发信息系统的动机。此时，企业可以通过设置一个更高的单位报酬 r_L^A 来激励低能力 IT 供应商付出努力。较高的努力激励 r_L^A 可以增加低能力 IT 供应商的努力水平，减少 IT 供应商在信息对称与信息不对称下最优努力水平的差值。

3.4.2　私有信息对于合同交易双方期望收益和社会福利的影响

本节将从 IT 供应商收益、企业利润以及社会福利的角度来分析信息的价值。由前文可知，高能力 IT 供应商的信息租金为 $\Gamma(F_L^A, r_L^A)$，低能力 IT 供应商的信息租金为 0。从企业的角度出发，企业的信息价值为对称信息与不对称信息下它的期望利润之差，$\Delta\pi_b = \pi_b^S - \pi_b^A$。从社会福利的角度出发，不对称信息导致的社会福利损失为 $\Delta\pi_W = \pi_W^S - \pi_W^A$，其中 π_W^S 和 π_W^A 分别表示对称信息与不对称信息下社会福利的期望值。

命题 3.3：$i(i = H or L)$ 能力 IT 供应商的信息租金 $\Delta\pi_{s_i}$、企业的信息价值 $\Delta\pi_b$ 以及社会福利损失 $\Delta\pi_W$ 如表 3.3 所示。

表 3.3　IT 供应商的信息租金、企业的信息价值以及社会福利损失

企业的系统故障敏感程度	信息价值			
	IT 供应商的信息租金		企业的信息价值	社会福利损失
	$\Delta\pi_{s_H}$	$\Delta\pi_{s_L}$	$\Delta\pi_b$	$\Delta\pi_W$
$0 < u \leqslant \dfrac{nl}{m}$	$\dfrac{1}{2}(c_H - c_L)l^2$	0	$\dfrac{1}{2}(\rho c_H + m)u^2 + \dfrac{1}{2}nl^2$	$\dfrac{1}{2}(\rho c_H + m)u^2$
$u > \dfrac{nl}{m}$	$\dfrac{m^2(c_H - c_L)}{2(m+n)^2}(u+l)^2$	0	$\dfrac{\rho m[2mc_L + n(c_H - c_L)]}{2(m+n)^2(u+l)^{-2}}$	$\dfrac{\rho m[2mc_L + nc_H - c_L(c_H - c_L)]}{2(m+n)^2(u+l)^{-2}}$

注：$l = \omega_t + \omega_m(1 + \lambda t)\exp(-\lambda t)$，$m = (1-\rho)c_L$，$n = \rho(c_H - c_L)$。

证明：根据命题 3.1 和命题 3.2，比较对称信息和不对称信息下 i 能力 IT 供应商的期望收益、企业的期望利润以及社会福利，即可得该命题。

证毕。

命题 3.3 表明，一方面，低能力 IT 供应商的信息租金为 0。换言之，低能力 IT 供应商无法从信息不对称中获利，此时它的信息优势不起作用。同时，低能力 IT 供应商在信息不对称情况下的努力不足现象，会降低社会福利，造成社会福利损失。另一方面，高能力 IT 供应商可以利用自己的信息优势从信息不对称中获利。且由推论 3.2 易得，企业的最优外包合同可以有效规制高能力 IT 供应商的努力，使得对称信息与不对称信息下，高能力 IT 供应商的努力相同。换言之，高能力 IT 供应商在信息对称和信息不对称情况下产生的社会福利相同。

一方面，不对称信息下，企业为了保证高能力 IT 供应商如实地报告自身开发信息系统的能力，会向高能力 IT 供应商支付一定金额的信息租金 $\Gamma(F_L^A, r_L^A)$，这相比于信息对称的情况降低了企业的期望利润。另一方面，不对称信息下，低能力 IT 供应商的信息租金虽然为 0，但是低能力 IT 供应商努力不足的现象会降低社会福利，这也导致了企业期望利润的减少。因此，信息不对称总是会给信息劣势方（企业）造成利润损失，企业总是具有一个正的信息价值。进一步分析发现，企业的信息价值取决于高能力 IT 供应商的信息租金和低能力 IT 供应商努力不足造成的社会福利损失，即 $\Delta\pi_b = \rho\Delta\pi_{sH} + \Delta\pi_W$。因此，不对称信息下，企业在设计最优信息技术服务外包合同时，可以通过权衡 IT 供应商的信息租金和社会福利损失，降低自己的信息价值，从而实现自身利润最大化。

推论 3.4：（i）当 $0 < u \leqslant \rho(c_H - c_L)[\omega_t + \omega_m(1 + \lambda t)\exp(-\lambda t)]/(1 - \rho)c_L$ 时，增加系统调试时间 t 或者选择系统故障检出率 λ 高的 IT 供应商，可以降低高类型 IT 供应商的信息租金，但是它对减少社会福利损失不起作用；（ii）当 $u > \rho(c_H - c_L)[\omega_t + \omega_m(1 + \lambda t)\exp(-\lambda t)]/(1 - \rho)c_L$ 时，增加系统调试时间 t 或者选择系统故障检出率 λ 高的 IT 供应商，既可以降低高类型 IT 供应商的信息租金，也可以减少社会福利损失。

证明：依据命题 3.3，分别对高类型 IT 供应商的信息租金求关于系统调试时间 t 和系统故障检出率 λ 的一阶导数，判断该一阶导数的正负性即可。同理，分别对社会福利损失求关于系统调试时间 t 和系统故障检出率 λ 的一阶导数，判断该一阶导数的正负性即可。

证毕。

由推论 3.4 可知，当企业对于系统故障敏感程度较小时，企业可以通过增加系统调试时间或者选择系统故障检出率高的 IT 供应商，来降低高能力 IT 供应商的信息租金，从而减少自己的信息价值，增加自己的期望利润。当企业对于系统故障敏感程度较大时，增加系统调试时间或者选择系统故障检出率高的 IT 供应商，不仅可以降低高能力 IT 供应商的信息租金，也可以通过缓解低能力 IT 供应商努力不足的现象来降低社会福利的损失，从而减少企业的信息价值，增加企业的期望利润。

3.5 算例分析

本节将通过加拿大卫生部向 IBM 外包信息技术服务这一具体的案例，直观展示系统调试时间 t 和系统故障检出率 λ 对于企业信息价值的影响。加拿大审计局的调查报告显示（Auditor General，2015），加拿大卫生部向 IBM 采购的全景医疗信息系统，其原型系统含有故障预测数量约为 1 200 个，卫生部对于系统故障的边际负效用约为 13 500 美元；2010 年系统开发完成后，IBM 用了 5 年的时间对该信息系统进行运行调试。同时，IBM 指出，如果在系统调试阶段修补一个系统故障的单位成本为 1 500 美元，则在系统运行维护阶段修补同样一个故障的单位成本为 10 000 美元（McPeak，2017）。

因此，根据上述案例，首先设定模型中的参数：$\rho = 0.5$，$c_L = 2$，$c_H = 10$，$\omega_t = 1.5$，$\omega_m = 8.5$，$u = 13.5$。绘制企业的信息价值 $\Delta\pi_b$ 随着系统调试时间 t 和系统故障检出率 λ 变化的曲线图，如图 3.2 所示，其中阴影曲面部分为企业的信息价值。观察图 3.2 可以发现，当系统调试时间 t 或系统故障检出率 λ 增大时，企业的信息价值减小。换言之，增加系统调试时间或者选择系统故障检出率高的 IT 供应商可以降低信息不对称给企业造成的利润损失。

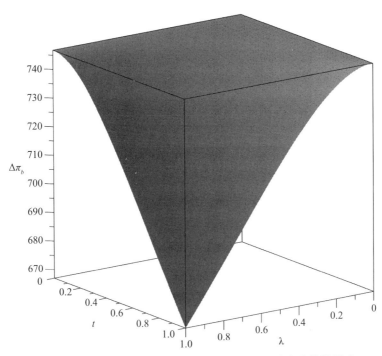

图 3.2　系统调试时间和系统故障检出率对企业信息价值的影响

3.6　本 章 小 结

本章针对 IT 供应商具有开发信息系统能力的私有信息，且其开发过程中的努力行为对于企业不可见这一现实背景，构建了一个包含系统开发、调试和维护的多阶段信息技术服务外包模型，研究了企业如何设计最优绩效合同来甄别不同能力的 IT 供应商，以及如何激励 IT 供应商付出努力开发信息系统的问题。本章所得结论和启示如下。

首先，不对称信息下，企业可以通过设计最优合同菜单来甄别不同能力的 IT 供应商。此时，低能力 IT 供应商的信息租金为零。换言之，低能力 IT 供应商无法从信息不对称中获利，此时它的信息优势不起作用。高能力 IT 供应商可以利用自己的信息优势从信息不对称中获利：

为了甄别不同能力的 IT 供应商，企业需要向高能力 IT 供应商支付信息租金。企业向高能力 IT 供应商支付信息租金的行为会减少企业的期望利润。其次，相比于信息对称的情形，信息不对称情形下，企业通过设置恰当的针对 IT 供应商努力的单位报酬，可以有效地规制高能力 IT 供应商开发信息系统的努力行为（即与信息对称情形下的努力相同）。但是，信息不对称会降低低能力 IT 供应商开发信息系统所付出的努力，本章将这一现象定义为努力不足现象。低能力 IT 供应商努力不足的现象会降低社会福利和企业的期望利润。

因此，信息不对称会使得高能力 IT 供应商获得信息租金、低能力 IT 供应商努力不足，从而减少信息劣势方（企业）的期望利润。进一步研究发现，增加系统调试阶段的调试时间或者选择系统故障检出率高的 IT 供应商，可以降低高能力 IT 供应商的信息租金，并缓解低能力 IT 供应商努力不足的现象，进而减少企业的信息价值，降低信息不对称给企业造成的利润损失。这一发现对于企业的信息技术服务外包实践具有重要的参考价值和指导意义。

本章未来可以从以下几个方面继续进行深入研究：首先，现实中，系统开发阶段可能需要交易双方共同参与，即存在双边道德风险问题。其次，信息技术外包服务中，交易双方常常在系统开发完成后，修改事前的信息技术服务外包合同条款，即信息技术服务外包合同可能具有不完备性。最后，该研究可以结合信息技术服务的实际案例与数据，分析具体的合同条款对于企业甄别不同类型 IT 供应商或者激励 IT 供应商付出努力开发信息系统的影响。

第4章

IT 供应商系统开发过程不可观测情形下考虑监控的合同设计

4.1 引　言

过去30年，越来越多的企业开始将自身所需要的信息技术服务外包给 IT 供应商（Chang and Gurbaxani，2012），通过利用 IT 供应商的专业技术和规模经济效应来实现专注核心业务和提高市场竞争力的目的（Lichtenstein，2004）。现实中，由于信息技术服务涉及大量的资金管理与资源调动，科学有效地签订相应的外包合同对于企业来说是一项巨大的挑战（Gopal et al.，2003）。具体来说，IT 供应商开发信息系统所付出的努力无法被企业观测到，且由于信息系统的开发过程具有不确定性，企业很难根据事后观测到的信息系统质量评估 IT 供应商的努力，从而支付合理的报酬（Dermdaly，2009）。

监控，指企业监控 IT 供应商的整个系统开发过程，如调阅和查询系统开发文件和日志等，并针对 IT 供应商的努力给予一定偿付（reimbursement）的行为。监控是企业用来证实和激励 IT 供应商努力的一种工具（Beer and Qi，2018），它主要被运用于时间材料合同与收益共享合同两种合同形式中（Dey et al.，2010）。时间材料合同中，IT 供应商获得的报酬包括一笔事前决定的关于信息技术服务的固定报酬以及一笔与 IT 供应商努力相关的额外偿付（Bajari and Tadelis，2001）。收益共享合同中，企业通过纳什谈判博弈与 IT 供应商共享信息技术服务的总利润（Roth，1979），因此 IT 供应商获得的报酬取决于信息技术服务的总利润以及它在收益共享合同中谈判力的大小。由于时间材料合同与收益共享合同中 IT 供应商获得的报酬都与其不可观测的努力行为相关，因此企业使用这两种合同形式时需要对 IT 供应商实施监控，其监控水平通常由企业自己（Dey et al.，2010）或第三方（如行业协会或政府机构等）（Organization of American States General Secretariat，2016）决定。

那么，企业该如何选择这两种合同？理论研究与管理实践对此有不同的看法和结论。理论研究中，戴伊等（Dey et al.，2010）和巴塔恰亚等（Bhattacharya et al.，2014）认为相比于时间材料合同，收益共享合同能更好地激励 IT 供应商的努力，从而有效解决 IT 供应商的道德风险问题，为企业提供质量更高的信息系统，因此他们更推荐企业选择收益共享合同。然而管理实践中，戴姆戴利（Dermdaly，2009）指出通过 IT 供应商努力而获得的利润难以被精确度量，因此交易双方很难通过收益共享合同来实现利润的合理分配。相比之下，时间材料合同中由于 IT 供应商努力而产生的开发成本更容易被度量（Globalluxsoft，2017），企业给予 IT 供应商努力的偿付也更为合理。因此现实中，时间材料合同比收益共享合同使用得更为广泛（Jaworski and Grela，2020）。基于此，本章将探讨理论研究与管理实践产生分歧的原因：通过研究监控对于企业合同选择的影响来解释为什么信息技术服务外包实践中企业较少使用收益共享合同。

为了回答上述问题，本章将建立一个包含企业向 IT 供应商外包定制化信息系统开发和维护服务的多阶段模型。该模型中将分别考虑两种情形：（1）外生性监控水平，企业的监控水平为外生决策且时间材料合同与收益共享合同中监控水平相同；（2）内生性监控水平，企业在信息技术服务外包开始时，内生决策时间材料合同与收益共享合同中的监控水平。在每种情形下，企业与 IT 供应商签订时间材料合同或收益共享合同后，IT 供应商根据相应的合同条款和监控水平决策自己开发信息系统所付出的真实的努力以及为了获得服务报酬而向企业报告的努力。接下来，信息系统开发完成并被交付给企业使用，IT 供应商为企业提供系统维护服务。通过以上模型，本章将分别研究外生性和内生性监控水平对于企业选择时间材料合同与收益共享合同的影响。

研究发现，外生性监控水平情形下，相比于时间材料合同，IT 供应商在收益共享合同中付出的努力更高，从而使得信息技术服务的总利润也更高。但是由于企业在时间材料合同与收益共享合同中获得的利润份额取决于它在该合同中谈判力的大小，且时间材料合同中企业的谈判力大于收益共享合同中的。因此，如果企业在收益共享合同中拥有较强的谈判力，那么它在收益共享合同中获得的期望利润更大，因此它更偏好于收益共享合同。如果企业在收益共享合同中的谈判力较弱，那么虽然收益共享合同可以使得信息技术服务的总利润更高，但是企业在时间材料合同中获得的期望利润更大，因此它更偏好于时间材料合同。

当企业需要内生决策监控水平时，虽然收益共享合同激励 IT 供应商努力的效果更好、产生的信息技术服务总利润更高，但是企业使用时间材料合同获得的期望利润更大，因此它更偏好于时间材料合同。原因在于，IT 供应商在两种合同形式中获得的报酬都取决于它向企业报告的努力水平，而收益共享合同中 IT 供应商努力的边际收益高于时间材料合同中的，这使得 IT 供应商在收益共享合同中虚报努力的动机更强烈。为了防止 IT 供应商虚报努力，企业需要在收益共享合同中决策一个更高的监控水平，而更高的监控水平导致了更高的监控成本，且该监控成本占优于收益共享合同通过激励 IT 供应商努力为企业所带来的收益。

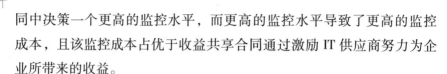

4.2　模型描述

考虑企业向 IT 供应商外包一套定制化的信息系统。IT 供应商的外包服务包括 2 个阶段：系统开发和系统维护。系统开发阶段，IT 供应商付出努力 $e(e \geq 0)$ 开发信息系统，该努力包括分析企业需求、设计信息系统和编写系统代码等。假设信息系统的质量 q 是关于 IT 供应商努力的函数，即 $q = e^{1/2} + \varepsilon$，其中 $e^{1/2}$ 刻画了系统开发规模报酬递减的特征（Hu et al.，1998；Kumar et al.，2011），随机变量 ε 表示系统开发过程中的不确定性且满足 $E[\varepsilon] = 0$。IT 供应商开发信息系统的成本为 $c_d e$，其中 c_d 表示 IT 供应商开发信息系统的能力。

信息系统开发完成后被交付给企业并投入运行，IT 供应商为企业提供系统维护服务，包括修补系统故障和提高信息系统性能等。与戴伊等（Dey et al.，2010）的研究相似，假设 IT 供应商为企业提供系统维护服务的成本随着信息系统质量 q 的增加而递减：$c_m(q_0 - q)$，其中 c_m 表示 IT 供应商维护信息系统的能力，常数 q_0 刻画了一个不需要被维护的完美信息系统的质量。

综上所述，IT 供应商的总成本 C 为：

$$C = c_d e + c_m(q_0 - q) \tag{4.1}$$

对于企业来说，它进行信息技术服务外包的效用随着定制化信息系统质量的增加而递增，即：

$$U = U_0 + uq \tag{4.2}$$

其中，U_0 是企业进行信息技术服务外包的基础效用，u 是企业对于信息系统质量的敏感程度。

企业进行信息技术服务外包之前，需要先选择使用时间材料合同或收益共享合同。时间材料合同中，除了一笔事前给定的固定报酬 P_{TM} 以外，企业还需要向 IT 供应商支付一笔关于 IT 供应商努力的偿付。由于 IT 供应商的努力具有不可观测性，企业根据 IT 供应商报告的努力 $\hat{e}(\hat{e} \geqslant 0)$ 支付该偿付而非 IT 供应商真实的努力 e。因此，时间材料合同中，IT 供应商获得的报酬为 $P_{TM} + r\hat{e}$，其中 r 是关于 IT 供应商努力的单位报酬。

收益共享合同中，IT 供应商获得的报酬 P_{RS} 由交易双方谈判决定。假设该谈判过程符合纳什谈判博弈的特征（Roth，1979），则 IT 供应商获得的报酬为 $P_{RS} = \arg\max \left[P_{RS} - C(\hat{e}) \right]^{\alpha} \left[U(\hat{e}) - P_{RS} \right]^{1-\alpha}$，其中 $C(\hat{e})$ 和 $U(\hat{e})$ 分别表示 IT 供应商的总成本与企业的总效用，$\alpha \in (0, 1)$ 为谈判过程中 IT 供应商相对于企业的谈判力，与之相对，企业的谈判力为 $1 - \alpha$。值得注意的是，由于 IT 供应商的努力具有不可观测性，IT 供应商的总成本和企业的效用都由 IT 供应商报告的努力 $\hat{e}$ 而非 IT 供应商真实的努力 e 决定。通过求解纳什谈判博弈的均衡，IT 供应商的报酬等价于 $P_{RS} = \alpha U(\hat{e}) + (1 - \alpha) C(\hat{e})$。

为了防止 IT 供应商虚报自身的努力水平，时间材料合同与收益共享合同中，企业都需要使用监控来确认 IT 供应商报告的努力 $\hat{e}$。假设企业的监控水平 $\phi \in [0, 1]$ 代表企业发现 IT 供应商虚报努力的概率，即 ϕ 值越高意味着企业会花费更多的精力监控 IT 供应商开发信息系统的过程，如查阅更多的信息系统开发日志等。企业的监控成本为 $w\phi$，其中 w 表示企业监控的单位成本（Dey et al.，2010）。如果企业发现 IT 供应商虚报努力，则 IT 供应商需要承担相应的罚金 $s(\hat{e} - e)^{+}$，其中 s 是 IT 供应商虚报努力的单位罚金，且 $(x)^{+} = \max\{0, x\}$。这笔罚金刻画了 IT 供应商由于虚报努力而造成的名誉损失以及未来的商业交易损失。

现实中，企业的监控水平可能由第三方决定（如行业协会或政府机构等）（Organization of American States General Secretariat，2016），也有可能由企业自己决定（Susarla，2012）。因此，本章将考虑两种情形下的企业合同选择问题：（1）外生性监控水平，即时间材料合同与收益共享合同中，企业的监控水平 ϕ 是相同的常数，且都能保证企业真实地报告自身的努力水平；（2）内生性监控水平，即企业在时间材料合同与收益共享合同中分别决策相应的监控水平 ϕ。

图 4.1 描述了事件发生的顺序。（1）企业选择合同形式：①外生性监控水平情形下，如果企业选择时间材料合同，则它需要决策合同条款 $\{P_{TM}, r\}$；如果选择收益共享合同，则 IT 供应商获得的报酬由它在收益共享合同中的谈判力 α 决定。②内生性监控水平情形下，如果企业选择时间材料合同，则它需要决策合同条款 $\{P_{TM}, r\}$ 和监控水平 ϕ；如果选择收益共享合同，则 IT 供应商获得的报酬由它在收益共享合同中的谈判力 α 决定，企业决策监控水平 ϕ。（2）IT 供应商根据相应的合同条款以及监控水平，决策自身开发信息系统所付出的努力 e 以及向企业报告的努力 $\hat{e}$。（3）信息系统开发完成并被交付给企业使用，IT 供应商为企业提供系统维护服务。模型中涉及的符号定义如表 4.1 所示。

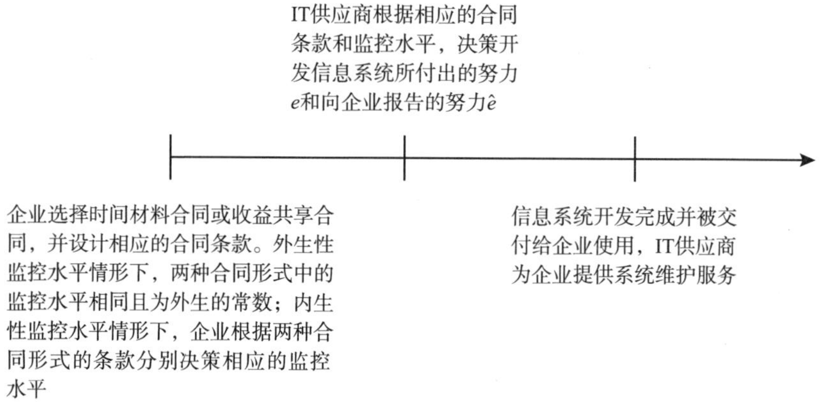

IT供应商根据相应的合同条款和监控水平，决策开发信息系统所付出的努力 e 和向企业报告的努力 $\hat{e}$

企业选择时间材料合同或收益共享合同，并设计相应的合同条款。外生性监控水平情形下，两种合同形式中的监控水平相同且为外生的常数；内生性监控水平情形下，企业根据两种合同形式的条款分别决策相应的监控水平

信息系统开发完成并被交付给企业使用，IT供应商为企业提供系统维护服务

图 4.1 事件顺序

表 4.1　　　　　　　　　　　　　　符号表

符号	定义	符号	定义
e	IT 供应商开发信息系统付出的努力	U	企业的效用
$\hat{e}$	IT 供应商向企业报告的努力	U_0	企业进行信息技术服务外包的基础效用
q	定制化信息系统的质量	u	企业对于信息系统质量的敏感程度
q_0	完美信息系统的质量	ϕ	企业的监控水平
ε	系统开发过程中的不确定性	w	监控的单位成本
c_d	IT 供应商开发信息系统的能力	s	IT 供应商虚报努力的单位罚金
c_m	IT 供应商维护信息系统的能力	P_{RS}	收益共享合同中 IT 供应商获得的报酬
C	IT 供应商的总成本	P_{TM}	时间材料合同中 IT 供应商获得的固定报酬
$\alpha,\ 1-\alpha$	IT 供应商和企业在收益共享合同中的谈判力	r	时间材料合同中 IT 供应商付出努力获得的单位报酬

4.3　外生性监控水平

本节将考虑企业的监控水平在时间材料合同和收益共享合同中为相同的常数，且该监控水平能够保证 IT 供应商真实地报告自己开发信息系统所付出的努力的情形，通过比较和分析企业与 IT 供应商在两种合同形式下的最优决策，可以得到外生性监控水平对于企业合同设计与合同选择的影响。

4.3.1　时间材料合同设计

根据逆向归纳法，首先分析 IT 供应商的最优决策。若企业选择时

间材料合同 $\{P_{TM}, r\}$，IT 供应商将付出努力 e 开发信息系统，并向企业报告自己的努力为 $\hat{e}$。此时，IT 供应商的期望收益 π_v^{TMX} 如下所示，其中下标字符"v"表示 IT 供应商，上标字符"TMX"表示外生性监控水平下的时间材料合同：

$$\pi_v^{TMX}(e, \hat{e} \mid P_{TM}, r) = E_\varepsilon [P_{TM} + \hat{r}e - c_d e - c_m (q_0 - (e^{1/2} + \varepsilon)) - \phi s (\hat{e} - e)^+]$$

$$(4.3)$$

最大化 IT 供应商的期望收益，可以得到以下引理。

引理 4.1：外生性监控水平情形下，IT 供应商向企业报告的努力与它开发信息系统所付出的努力相等，即 $\hat{e}^{TMX} = e^{TMX}$。若给定时间材料合同 $\{P_{TM}, r\}$，（i）当 IT 供应商付出努力获得的单位报酬较小时，$0 < r < c_d$，IT 供应商开发信息系统付出的最优努力为 $e^{TMX} = c_m^2 / 4(c_d - r)^2$；（ii）当 IT 供应商付出努力获得的单位报酬较大时，$r \geq c_d$，IT 供应商开发信息系统付出的最优努力趋近于无穷，即 $e^{TMX} \to +\infty$。

证明：由定义可得，外生性监控水平能够保证 IT 供应商真实地报告自己的努力，故 $\hat{e} = e$。将 $\hat{e} = e$ 代入公式（4.3），可得公式（4.3）等价于：

$$\pi_v^{TMX}(e \mid P_{TM}, r) = P_{TM} + re - c_d e - c_m (q_0 - e^{1/2}) \qquad (4.4)$$

由公式（4.4）可得 IT 供应商的期望收益 π_v^{TMX} 关于努力 e 的一阶导为 $\partial \pi_v^{TMX} / \partial e = r - c_d + c_m / 2\sqrt{e}$。当该一阶导为零时得方程 $r - c_d + c_m / 2\sqrt{e} = 0$。分析该方程，可得（i）当 $r \geq c_d$ 时，$\partial \pi_v^{TMX} / \partial e > 0$ 恒成立。此时，IT 供应商的期望收益随着 IT 供应商的努力增加而递增，因此 IT 供应商的最优努力趋近于无穷。（ii）当 $0 < r < c_d$ 时，解方程可得 IT 供应商的努力为 $e^{TMX} = c_m^2 / 4(c_d - r)^2$；同时可得 IT 供应商的期望收益 π_v^{TMX} 关于努力 e 的二阶导为 $\partial^2 \pi_v^{TMX} / \partial e^2 = -c_m e^{-3/2} / 4$，即 $\partial^2 \pi_v^{TMX} / \partial e^2 < 0$。

证毕。

预计到 IT 供应商的最优努力，企业对于时间材料合同条款 $\{P_{TM}, r\}$

的决策如下所示，其中下标字符"b"表示企业[①]：

$$\max_{(P_{TM}, r)} \pi_b^{TMX} = E_{\varepsilon} \left[U_0 + u(e^{*1/2} + \varepsilon) - P_{TM} - r\hat{e}^* - w\phi \right]$$

s. t.

$$(IR) \pi_v^{TMX}(e^*, \hat{e}^* | P_{TM}, r) \geq 0$$

$$(IC) \pi_v^{TMX}(e = \hat{e} | P_{TM}, r) \geq \pi_v^{TMX}(e \neq \hat{e} | P_{TM}, r)$$

$$(e^*, \hat{e}^*) = \arg\max \pi_v^{TMX}(e, \hat{e} | P_{TM}, r)$$

$$P_{TM}, r \geq 0 \qquad\qquad (4.5)$$

假设 IT 供应商的保留利润为 0，且该信息是公开信息。问题（4.5）中，"IR"为个人理性约束，该约束保证了 IT 供应商接受合同所得期望收益不低于其保留利润；"IC"为激励相容约束，该约束保证了 IT 供应商会如实地报告自己开发信息系统所付出的努力；$(e^*, \hat{e}^*)$ 是 IT 供应商在该合同下的最优决策。

命题 4.1：外生性监控水平情形下，（i）当 IT 供应商虚报努力的单位罚金较小时，$0 < s < c_d u/\phi(u + c_m)$，企业的最优时间材料合同 $\{P_{TM}^X, r^X\}$ 为：$P_{TM}^X = c_m q_0 - c_m^2/4(c_d - \phi s)$，$r^X = \phi s$；此时，IT 供应商开发信息系统所付出的努力为 $e^{TMX} = c_m^2/4(c_d - \phi s)^2$。（ii）当 IT 供应商虚报努力的单位罚金较大时，$s \geq c_d u/\phi(u + c_m)$，企业的最优时间材料合同 $\{P_{TM}^X, r^X\}$ 为：$P_{TM}^X = c_m q_0 - c_m(u + c_m)/4c_d$，$r^X = c_d u/(u + c_m)$；此时，IT 供应商开发信息系统所付出的努力为 $e^{TMX} = (u + c_m)^2/4c_d^2$。

证明：由约束（IC）可得，当 IT 供应商报告的努力与其开发信息系统所付出的努力相等时，即 $\hat{e}^* = e^*$，IT 供应商付出努力的单位报酬满足 $r \leq \phi s$，其中监控水平 ϕ 表示企业发现 IT 供应商虚报努力的概率，s 是 IT 供应商虚报努力的单位罚金。

由引理 4.1 可得，当 IT 供应商付出努力的单位报酬 $r \geq c_d$ 时，IT 供

---

① IT 供应商虚报努力的罚金 $s(\hat{e} - e)^+$ 刻画的是 IT 供应商由于虚报努力而造成的名誉损失以及未来的商业交易损失。现实中这笔罚金不会被支付给企业，因此企业的利润函数中不包括这笔罚金。

应商的努力 $e^* \to +\infty$，此时企业支付给 IT 供应商的报酬 $P_{TM} + re^* \to +\infty$，这使得企业进行信息技术服务外包获得的期望利润 $\pi_b^{TMX} \to -\infty$，与现实情况不符，应舍去。因此，IT 供应商付出努力的单位报酬还应满足约束 $0 < r < c_d$，此时 IT 供应商开发信息系统所付出的努力为 $e^* = c_m^2/4(c_d - r)^2$。同时，为了最大化自身利润，企业会尽可能降低 P_{TM}，从而使得（IR）约束取等号，故 $P_{TM} = c_m q_0 - c_m^2/4(c_d - r)$。将 $P_{TM} = c_m q_0 - c_m^2/4(c_d - r)$，$e^* = c_m^2/4(c_d - r)^2$ 和 $\hat{e}^* = e^*$ 代入问题（4.5），可得问题（4.5）等价于：

$$\max_{\substack{0 < r < c_d \\ r \leq \phi s}} \pi_b^{TMX} = U_0 + \frac{(u + c_m) c_m}{2(c_d - r)} - \frac{c_d c_m^2}{4(c_d - r)^2} - c_m q_0 - w\phi \qquad (4.6)$$

由问题（4.6）可得，企业的期望利润 π_b^{TMX} 关于 IT 供应商付出努力的单位报酬 r 的一阶导为 $\partial \pi_b^{TMX}/\partial r = c_m[(u + c_m)(c_d - r) - c_d c_m]/2(c_d - r)^3$。当该一阶导为零时，得方程 $c_m[(u + c_m)(c_d - r) - c_d c_m]/2(c_d - r)^3 = 0$，解方程可得，$r^* = c_d u/(u + c_m)$。同时可得企业的期望利润 π_b^{TMX} 关于 IT 供应商付出努力的单位报酬 r 的二阶导为 $\partial^2 \pi_b^{TMX}/\partial r^2 = c_m[2(u + c_m)(c_d - r) - 3c_d c_m]/2(c_d - r)^4$，将 $r^* = c_d u/(u + c_m)$ 代入该二阶导，可得 $\partial^2 \pi_b^{TMX}/\partial r^2 < 0$。另外，注意到 $c_d u/(u + c_m) < c_d$ 恒成立，故只需要比较 $c_d u/(u + c_m)$ 与 ϕs 的大小，即可得到该命题。

证毕。

由命题 4.1 可得，IT 供应商将在虚报努力获得的边际收益与虚报努力受到的边际惩罚 ϕs 之间进行权衡取舍，从而决定自己是否如实地报告开发信息系统所付出的努力。当虚报努力获得的边际收益大于其边际惩罚时，IT 供应商将虚报努力；反之，则真实地报告努力。

对于企业来说，一方面，在时间材料合同中，当 IT 供应商虚报努力的单位罚金较小时，$0 < s < c_d u/\phi(u + c_m)$，IT 供应商有很强的动机虚报努力以获得更高的收益。为了保证 IT 供应商真实地报告自己的努力水平，企业需要保证 IT 供应商虚报努力的边际收益小于它虚报努力的

边际惩罚。因此，企业支付给 IT 供应商关于努力的单位报酬 r^X 较小。另外，较小的单位报酬 r^X 会降低 IT 供应商开发信息系统所付出的努力，从而导致定制化信息系统的质量较低。

当 IT 供应商虚报努力的单位罚金较大时，$s \geq c_d u / \phi (u + c_m)$，由于害怕虚报努力所产生的高额罚金，IT 供应商会主动地报告自己开发信息系统所付出的真实的努力。此时，企业决策的关于 IT 供应商努力的单位报酬 r^X 可以有效规制 IT 供应商的努力，使得企业信息技术服务产生的总利润最大。同时，时间材料合同中，企业可以通过决策最优的固定报酬 P_{TM}^X 来攫取信息技术服务的全部利润。因此，时间材料合同中，企业的谈判力可以视作 1 而 IT 供应商的谈判力可以视作 0。

4.3.2　收益共享合同设计

收益共享合同中，企业和 IT 供应商首先通过谈判决定 IT 供应商获得的报酬 P_{RS}。第一阶段，根据纳什谈判博弈均衡解，可以得到当 IT 供应商在收益共享合同中的谈判力为 α 时，它获得的报酬为 $P_{RS} = \alpha U(\hat{e}) + (1 - \alpha) C(\hat{e})$。第二阶段，根据观测到的报酬 P_{RS} 与监控水平 ϕ，IT 供应商付出努力 e 开发信息系统，并向企业报告自己的努力为 $\hat{e}$。外生性监控水平情形下，企业的监控水平 ϕ 可以有效地阻止 IT 供应商虚报努力，因此可得 $\hat{e} = e$[①]。此时，IT 供应商的期望收益 π_v^{RSX} 和企业的期望利润 π_b^{RSX} 如下所示，其中上标字符 "RSX" 表示外生性监控水平下的收益共享合同：

$$\pi_v^{RSX}(e) = E_\varepsilon \big[\alpha (U_0 + u(e^{1/2} + \varepsilon)) + (1 - \alpha)(c_d e + c_m (q_0 - (e^{1/2} + \varepsilon)))$$
$$- c_d e - c_m (q_0 - (e^{1/2} + \varepsilon)) \big] \tag{4.7}$$

---

① 若收益共享合同中，企业的监控水平无法阻止 IT 供应商虚报努力，那么企业将不会选择该合同形式，或者选择收益共享合同后重新决策监控水平以保证企业真实地报告自己的努力水平（4.4.2 节将详细讨论此种情况）。

$$\pi_b^{RSX} = E_\varepsilon [\, U_0 + u(e^{1/2} + \varepsilon) - w\phi - \alpha(U_0 + u(e^{1/2} + \varepsilon))$$

$$- (1 - \alpha)(c_d e + c_m(q_0 - (e^{1/2} + \varepsilon)))\,] \qquad (4.8)$$

由于收益共享合同中，IT 供应商获得的报酬取决于纳什谈判博弈均衡解。因此外生性监控水平情形下，只需要在收益共享合同中求解 IT 供应商开发信息系统所付出的最优努力 e^{RSX}。

命题 4.2：外生性监控水平情形下，IT 供应商在收益共享合同中的最优努力为 $e^{RSX} = (u + c_m)^2 / 4c_d^2$。

证明：根据公式（4.7），IT 供应商的期望收益等价于：

$$\pi_v^{RSX}(e) = \alpha(U_0 + ue^{1/2} - c_d e - c_m(q_0 - e^{1/2})) \qquad (4.9)$$

由公式（4.9）可得 IT 供应商的期望收益 π_v^{RSX} 关于努力 e 的一阶导为 $\partial \pi_v^{RSX} / \partial e = \alpha((u + c_m)/2e^{1/2} - c_d)$。当该一阶导为零时，得 $\alpha((u + c_m)/2e^{1/2} - c_d) = 0$。解方程，可得 IT 供应商的努力 $e^{RSX} = (u + c_m)^2 / 4c_d^2$。同时可得 IT 供应商的期望收益 π_v^{RSX} 关于努力 e 的二阶导为 $\partial^2 \pi_v^{RSX} / \partial e^2 = -\alpha(u + c_m)/4e^{3/2}$，即 $\partial^2 \pi_v^{RSX} / \partial e^2 < 0$。

证毕。

由命题 4.2 可知，收益共享合同中，如果企业的监控水平可以使得 IT 供应商真实地报告自己的努力，那么 IT 供应商的利益将与企业保持一致。此时，IT 供应商开发信息系统所付出的努力可以使信息技术服务的总利润最大。进一步，与时间材料合同中企业通过最优的固定报酬 P_{TM}^X 攫取信息技术服务的全部利润不同，收益共享合同中企业与 IT 供应商根据自身的谈判力 $1 - \alpha$ 和 α 分配信息技术服务的总利润。

4.3.3　企业合同选择

本小节将比较 IT 供应商在时间材料合同与收益共享合同中的最优努力，以及企业在两种合同形式下的期望利润，从而分析两种合同形式

对于 IT 供应商努力的激励效果以及企业的最优合同选择策略。定义一个关于 IT 供应商谈判力 α 的阈值

$$\tilde{\alpha} = 1 - \frac{c_d \left[4 \left(c_d - \phi s \right)^2 U_0 + 2c_m \left(c_d - \phi s \right) \left(u + c_m \right) - c_d c_m^2 - 4c_m q_0 \left(c_d - \phi s \right)^2 \right]}{\left(c_d - \phi s \right)^2 \left(4c_d U_0 + \left(u + c_m \right)^2 - 4c_d c_m q_0 \right)}$$

命题 4.3：外生性监控水平情形下，IT 供应商在收益共享合同中的努力大于（或等于）时间材料合同中的努力，即 $e^{RSX} \geq e^{TMX}$。当 IT 供应商虚报努力的单位罚金较小且 IT 供应商在收益共享合同中的谈判力较弱时，即 $0 < s < c_d u / \phi \left(u + c_m \right)$ 和 $0 < \alpha < \tilde{\alpha}$，企业选择收益共享合同获得的期望利润更大；其他情况下，企业选择时间材料合同获得的期望利润更大。

证明：比较 IT 供应商的最优努力 e^{TMX} 和 e^{RSX}，以及企业的期望利润 π_b^{TMX} 和 π_b^{RSX}，即可得到该命题。

证毕。

由命题 4.3 可得，一方面，相比于时间材料合同，收益共享合同激励 IT 供应商努力的效果更好，这和既往巴塔恰亚等（Bhattacharya et al.，2014）的研究结论相似。另一方面，从企业期望利润大小的角度分析外生性监控水平下企业的合同选择策略，如图 4.2 所示。当 IT 供应商虚报努力的单位罚金较大时，$s \geq c_d u / \phi \left(u + c_m \right)$，如图 4.2 的区域 I 所示，IT 供应商会主动地报告自己开发信息系统所付出的真实的努力，此时企业可以通过最优的单位报酬 r^X 激励 IT 供应商的努力 e^{TMX}，从而最大化信息技术服务的总利润。此时，IT 供应商在时间材料合同与收益共享合同中付出的努力相同，因此两种合同形式下信息技术服务的总利润相同。进一步，考虑到时间材料合同中企业可以通过最优的固定报酬 P_{TM}^X 攫取信息技术服务的全部利润，而收益共享合同中企业只能获得 $1 - \alpha$ 份额的利润，因此它更偏好于时间材料合同。

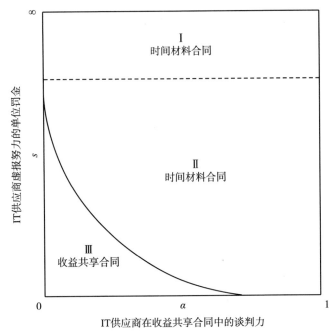

图 4.2 外生性监控水平下企业的合同选择

当 IT 供应商虚报努力的单位罚金较小时，$0 < s < c_d u / \phi (u + c_m)$，它在收益共享合同中开发信息系统所付出的努力大于时间材料合同中的，$e^{RSX} > e^{TMX}$，因此收益共享合同中信息技术服务的总利润比时间材料合同中的大。但是由于收益共享合同中企业只能获得 $1 - \alpha$ 份额的利润，而时间材料合同中企业可以通过最优的固定报酬 P_{TM}^X 攫取信息技术服务的全部利润，因此企业对于两种合同形式的选择取决于它在收益共享合同中谈判力 $1 - \alpha$ 的大小。如果企业的谈判力 $1 - \alpha$ 较小，如图 4.2 的区域 II 所示，则它在时间材料合同中的期望利润更大，因此它更偏好于时间材料合同。如果企业的谈判力 $1 - \alpha$ 较大，如图 4.2 的区域 III 所示，则它在收益共享合同中的期望利润更大，因此它更偏好于收益共享合同。

4.4　内生性监控水平

本节将考虑企业在设计时间材料合同与收益共享合同时，分别决策相应的监控水平 ϕ 的情况。通过比较企业和 IT 供应商在时间材料合同与收益共享合同中的最优决策，探讨内生性监控水平对于企业合同选择的影响。

4.4.1　时间材料合同设计

给定时间材料合同 $\{P_{TM}, r\}$ 以及企业监控水平 ϕ，IT 供应商将付出努力 e 开发信息系统，并向企业报告自己的努力为 $\hat{e}$。此时，IT 供应商的期望收益 π_v^{TMN} 如下所示，其中上标字符 "TMN" 表示内生性监控水平下的时间材料合同。

$$\pi_v^{TMN}(e, \hat{e} \mid P_{TM}, r, \phi) = E_\varepsilon\big[P_{TM} + r\hat{e} - c_d e - c_m(q_0 - (e^{1/2} + \varepsilon)) - \phi s(\hat{e} - e)^+\big]$$

$$(4.10)$$

预计到 IT 供应商真实的努力 e 和报告的努力 $\hat{e}$，企业对于时间材料合同条款 $\{P_{TM}, r\}$ 以及监控水平 ϕ 的决策如下所示：

$$\max_{(P_{TM}, r, \phi)} \pi_b^{TMN} = E_\varepsilon\big[U_0 + u(e^{*1/2} + \varepsilon) - P_{TM} - r\hat{e}^* - w\phi\big]$$

s. t.

$(\text{IR})\ \pi_v^{TMN}(e^*, \hat{e}^* \mid P_{TM}, r, \phi) \geq 0$

$(\text{IC})\ \pi_v^{TMN}(e = \hat{e} \mid P_{TM}, r, \phi) \geq \pi_v^{TMN}(e \neq \hat{e} \mid P_{TM}, r, \phi)$

$\quad\quad (e^*, \hat{e}^*) = \text{argmax}\,\pi_v^{TMN}(e, \hat{e} \mid P_{TM}, r, \phi)$

$\quad\quad P_{TM}, r \geq 0,\ 0 \leq \phi \leq 1$

$$(4.11)$$

问题 (4.11) 中，"IR" 为个人理性约束，该约束保证了 IT 供应商接受合同所获得的期望收益不低于其保留利润 0；"IC" 为激励相容约束，该约束保证了 IT 供应商会真实地报告自己开发信息系统所付出的努力；$(e^*, \hat{e}^*)$ 是 IT 供应商在相应合同下的最优决策。

命题 4.4： 内生性监控水平情形下，时间材料合同中，IT 供应商开发信息系统的最优努力为 $e^{TMN} = c_m^2/4(c_d - \phi^{TM}s)^2$；企业的最优合同 $\{P_{TM}^N, r^N\}$ 为：$P_{TM}^N = c_m q_0 - c_m^2/4(c_d - \phi^{TM}s)$，$r^N = \phi^{TM}s$，其中 ϕ^{TM} 是企业的最优监控水平。（i）当 IT 供应商虚报努力的单位罚金满足 $0 < s < c_d(2u - c_m)/2(u + c_m)$ 且监控的单位成本满足 $0 < w < sc_m(2c_d u - s(u + c_m))/4c_d(c_d - s)^2$ 时，企业的最优监控水平 $\phi^{TM} = 1$；（ii）当 IT 供应商虚报努力的单位罚金满足 $s \geq c_d(2u - c_m)/2(u + c_m)$ 且企业监控的单位成本满足 $0 < w < 2s(u + c_m)^3/27c_d^2 c_m$ 时，企业的最优监控水平 $\phi^{TM} = c_d/s + (\sqrt{6c_m(u + c_m)}/3\sqrt{sw}) \cdot \cos(\arccos(3c_d\sqrt{6wc_m}/2\sqrt{s}(u + c_m)^{3/2})/3 + 2\pi/3)$；（iii）其他情况下，企业的最优监控水平 $\phi^{TM} = 0$。

证明： 首先，由约束（IC）可得，当 IT 供应商报告的努力与它开发信息系统所付出的努力相等时，$\hat{e}^* = e^*$，IT 供应商付出努力的单位报酬应满足 $r \leq \phi s$，其中监控水平 ϕ 表示企业发现 IT 供应商虚报努力的概率，s 是 IT 供应商虚报努力的单位罚金。

其次，由引理 4.1 可得，IT 供应商付出努力的单位报酬还应满足 $0 < r < c_d$，此时 IT 供应商开发信息系统的努力为 $e^* = c_m^2/4(c_d - r)^2$。

再次，为了最大化自身利润，企业会尽可能降低 P_{TM} 和 ϕ，从而使得（IR）约束和（IC）约束取等号，故 $P_{TM} = c_m q_0 - c_m^2/4(c_d - r)$，$r = \phi s$。将 $\hat{e}^* = e^*$，$e^* = c_m^2/4(c_d - r)^2$，$P_{TM} = c_m q_0 - c_m^2/4(c_d - r)$ 和 $r = \phi s$ 代入问题（4.11），可得问题（4.11）等价于：

$$\max_{\substack{0 \leq \phi \leq 1 \\ \phi < c_d/s}} \pi_b^{TMN} = U_0 + \frac{(u + c_m)c_m}{2(c_d - \phi s)} - \frac{c_d c_m^2}{4(c_d - \phi s)^2} - c_m q_0 - w\phi \quad (4.12)$$

由问题（4.12）可得企业的期望利润 π_b^{TMN} 关于企业监控水平 ϕ 的一阶导：

$$\frac{\partial \pi_b^{TMN}}{\partial \phi} = \frac{2s^3 w\phi^3 - 6c_d s^2 w\phi^2 + (6c_d^2 sw - c_m s^2(u + c_m))\phi - 2c_d^3 w + c_d c_m su}{2(c_d - r)^3}$$

当上述一阶导为零时，可得方程：

$$2s^3 w\phi^3 - 6c_d s^2 w\phi^2 + \left(6c_d^2 sw - c_m s^2 (u + c_m)\right)\phi - 2c_d^3 w + c_d c_m su = 0$$

$$(4.13)$$

分析方程（4.13），可得（i）当企业监控的单位成本满足 $w \geqslant 2s(u + c_m)^3/27c_d^2 c_m$ 时，$\partial \pi_b^{TMN}/\partial \phi < 0$ 恒成立，方程无解。此时，企业的期望利润随着监控水平的增加而递减，企业的监控水平 $\phi^* = 0$。（ii）当企业监控的单位成本满足 $0 < w < 2s(u + c_m)^3/27c_d^2 c_m$ 时，利用卡尔达诺求根公式（Cardano's Method）求解方程（4.13），可得关于企业监控水平的三个解：

$$\phi_1 = \frac{c_d}{s} + \frac{\sqrt{6c_m(u + c_m)}}{3\sqrt{sw}} \cos\left(\frac{1}{3}\arccos\left(\frac{3c_d\sqrt{6wc_m}}{2\sqrt{s}(u + c_m)^{3/2}}\right)\right);$$

$$\phi_2 = \frac{c_d}{s} + \frac{\sqrt{6c_m(u + c_m)}}{3\sqrt{sw}} \cos\left(\frac{1}{3}\arccos\left(\frac{3c_d\sqrt{6wc_m}}{2\sqrt{s}(u + c_m)^{3/2}}\right) + \frac{2}{3}\pi\right);$$

$$\phi_3 = \frac{c_d}{s} + \frac{\sqrt{6c_m(u + c_m)}}{3\sqrt{sw}} \cos\left(\frac{1}{3}\arccos\left(\frac{3c_d\sqrt{6wc_m}}{2\sqrt{s}(u + c_m)^{3/2}}\right) + \frac{4}{3}\pi\right)$$

又因为 $\left.\dfrac{\partial^2 \pi_b^{TMN}}{\partial \phi^2}\right|_{\phi = \phi_1} > 0$，$\left.\dfrac{\partial^2 \pi_b^{TMN}}{\partial \phi^2}\right|_{\phi = \phi_2} < 0$ 和 $\left.\dfrac{\partial^2 \pi_b^{TMN}}{\partial \phi^2}\right|_{\phi = \phi_3} > 0$，因此可得 $\phi^* = \phi_2$。

最后，比较 ϕ_2 和 1 的大小，以及 $\pi_b^{TMN}(\phi = 0)$，$\pi_b^{TMN}(\phi = \phi_2)$ 和 $\pi_b^{TMN}(\phi = 1)$ 的大小，即可得到该命题。

证毕。

与命题 4.1 相似，内生性监控水平情形下，IT 供应商是否真实地报告自己开发信息系统所付出的努力取决于虚报努力获得的边际收益与虚报努力受到的边际惩罚之间的权衡取舍。当虚报努力受到的边际惩罚大于其边际收益时，IT 供应商将真实地报告自己的努力；反之，则虚报努力。

当 IT 供应商虚报努力的单位罚金较小时，$0 < s < c_d(2u - c_m)/$

$2(u+c_m)$，它有很强的动机虚报努力以获得更高的收益。如果此时监控的单位成本较低，$0<w<sc_m(2c_du-s(u+c_m))/4c_d(c_d-s)^2$，则企业将监控 IT 供应商开发信息系统的整个过程以防止其虚报，即 $\phi^{TM}=1$。此时，IT 供应商付出努力获得的单位报酬为 $r^N=s$。如果监控的单位成本较高，$w\geq sc_m(2c_du-s(u+c_m))/4c_d(c_d-s)^2$，企业此时监控 IT 供应商获得的收益小于其监控成本，因此它将不对 IT 供应商进行监控，即 $\phi^{TM}=0$。同时，为了满足激励相容约束使得 IT 供应商真实地报告自己的努力，企业将不激励 IT 供应商开发信息系统所付出的努力。因此，IT 供应商付出努力获得的单位报酬为 $r^N=0$，换言之，它虚报努力无法获得任何收益。

当 IT 供应商虚报努力的单位罚金较大时，$s\geq c_d(2u-c_m)/2(u+c_m)$，高额罚金使得 IT 供应商虚报自己努力的动机较小。如果此时监控的单位成本较低，$0<w<2s(u+c_m)^3/27c_d^2c_m$，则企业只需要部分地监控 IT 供应商系统开发的过程即可有效阻止 IT 供应商虚报努力。此时，IT 供应商付出努力获得的单位报酬为 $r^N=\phi^{TM}s$。如果监控的单位成本较高，$w\geq 2s(u+c_m)^3/27c_d^2c_m$，企业此时的监控成本将大于它监控获得的收益，因此企业将不对 IT 供应商进行监控，即 $\phi^{TM}=0$。同时，为了满足激励相容约束，企业给予 IT 供应商努力的单位报酬为 $r^N=0$。进一步，时间材料合同中，企业可以通过决策最优的固定报酬 P_{TM}^N 来攫取信息技术服务的全部利润。因此，与外生性监控水平情形相似，时间材料合同中，企业的谈判力可以视作 1 而 IT 供应商的谈判力可以视作 0。

4.4.2　收益共享合同设计

收益共享合同中，企业首先通过和 IT 供应商谈判来决定后者获得的报酬 P_{RS}，并根据该报酬 P_{RS} 决策自己的监控水平 ϕ。接下来，根据观测到的报酬 P_{RS} 与监控水平 ϕ，IT 供应商付出努力 e 开发信息系统，并

向企业报告努力 $\hat{e}$。此时，IT 供应商的期望收益 π_v^{RSN} 和企业的期望利润 π_b^{RSN} 如下所示，其中上标字符"RSN"表示内生性监控水平下的收益共享合同。

$$\pi_v^{RSN}(e, \hat{e} \mid \phi) = E_\varepsilon \big[\alpha(U_0 + u(\hat{e}^{1/2} + \varepsilon)) + (1-\alpha)(c_d\hat{e} + c_m(q_0 - (\hat{e}^{1/2} + \varepsilon)))$$
$$- c_d e - c_m(q_0 - (e^{1/2} + \varepsilon)) - \phi s(\hat{e} - e)^+ \big] \tag{4.14}$$

预计到 IT 供应商的最优努力 e 和报告的努力 $\hat{e}$，企业对于收益共享合同中监控水平 ϕ 的决策如下所示：

$$\max_\phi \pi_b^{RSN} = E_\varepsilon \big[U_0 + u(e^{*1/2} + \varepsilon) - w\phi - \alpha(U_0 + u(\hat{e}^{*1/2} + \varepsilon))$$
$$- (1-\alpha)(c_d\hat{e}^* + c_m(q_0 - (\hat{e}^{*1/2} + \varepsilon))) \big]$$

s. t.

$$(IR)\ \pi_v^{RSN}(e^*, \hat{e}^* \mid \phi) \geq 0$$

$$(IC)\ \pi_v^{RSN}(e = \hat{e} \mid \phi) \geq \pi_v^{RSN}(e \neq \hat{e} \mid \phi)$$

$$(e^*, \hat{e}^*) = \arg\max \pi_v^{RSN}(e, \hat{e} \mid \phi)$$

$$0 \leq \phi \leq 1 \tag{4.15}$$

问题（4.15）中，"IR"为个人理性约束，该约束保证了 IT 供应商接受合同所获得的期望收益不低于其保留利润 0；"IC"为激励相容约束，该约束保证了 IT 供应商会如实地报告自己开发信息系统所付出的努力；$(e^*, \hat{e}^*)$ 是 IT 供应商在收益共享合同下的最优决策。

命题 4.5：内生性监控水平情形下，（i）当 IT 供应商虚报努力的单位罚金较小时，$0 < s < c_d u/(u + c_m)$，收益共享合同中企业无法保证 IT 供应商真实地报告自己的努力水平，因此企业不会与 IT 供应商签订收益共享合同。（ii）当 IT 供应商虚报努力的单位罚金较大时，$s \geq c_d u/(u + c_m)$，企业在收益共享合同中的最优监控水平为 $\phi^{RS} = c_d u/s(u + c_m)$，此时 IT 供应商的最优努力为 $e^{RSN} = (u + c_m)^2/4c_d^2$。

证明：定义 $d = \hat{e} - e$，由于 IT 供应商报告自己的努力时，只可能高报而不会低报，因此假设 $d \geq 0$。由问题（4.15）可得企业的期望利润 π_b^{RSN} 关于参数 d 的一阶导为 $\partial \pi_b^{RSN}/\partial d = [\alpha u - (1-\alpha)c_m]/2\sqrt{d + e^*} +$

$(1-\alpha)c_d - \phi s$，为了满足（IC）约束，该一阶导应满足 $\partial \pi_b^{RSN}/\partial d \leqslant 0$，从而使得 $d^* = 0$。进一步，由于企业的期望利润随着监控水平 ϕ 的增加而递减，因此（IC）约束取等号，可得 $\phi^* = [\alpha u - (1-\alpha)c_m]/2s\sqrt{e^*} + (1-\alpha)c_d/s$。

由命题 4.2 可知，IT 供应商开发信息系统所付出的最优努力为 $e^* = (u + c_m)^2/4c_d^2$，且（IR）约束总能被满足。将 $e^* = (u + c_m)^2/4c_d^2$ 代入 ϕ^* 得，$\phi^* = c_d u/s(u + c_m)$。特别地，当 $0 < s < c_d u/(u + c_m)$ 时，可得 $\phi^* > 1$，即（IC）约束无法被满足，IT 供应商一定会虚报努力，因此企业不会选择收益共享合同。当 $s \geqslant c_d u/(u + c_m)$ 时，$\phi^{RS} = c_d u/s(u + c_m)$。

证毕。

由命题 4.5 可知，收益共享合同中，当 IT 供应商虚报努力的单位罚金较小时，$0 < s < c_d u/(u + c_m)$，IT 供应商虚报努力所获得的边际收益将大于它虚报努力受到的边际惩罚。此时即使企业监控整个系统开发过程，IT 供应商仍然有非常强烈的动机虚报努力。换言之，此时监控工具在收益共享合同中不起作用，故企业不会与 IT 供应商签订收益共享合同。

当 IT 供应商虚报努力的单位罚金较大时，$s \geqslant c_d u/(u + c_m)$，IT 供应商仍然有动机虚报自身开发信息系统所付出的努力。但此时，企业可以通过监控 IT 供应商系统开发的过程来阻止它虚报努力，且企业的最优监控水平为 $\phi^{RS} = c_d u/s(u + c_m)$。与命题 4.2 相似，收益共享合同中，IT 供应商与企业的利益一致，IT 供应商开发信息系统付出的最优努力 $e^{RSN} = (u + c_m)^2/4c_d^2$ 可以最大化信息技术服务的总利润。企业与 IT 供应商根据自身的谈判力 $1-\alpha$ 和 α 分配信息技术服务的总利润，但是企业还需要额外承担监控 IT 供应商的成本 $c_d uw/s(u + c_m)$。

4.4.3　企业合同选择

本小节将比较内生性监控水平情形下，IT 供应商在时间材料合同与收益共享合同中的最优努力，以及企业在两种合同形式下的期望利润，从而探讨两种合同形式对于 IT 供应商努力的激励效果以及企业的最优合同选择策略。

命题 4.6：内生性监控水平情形下，（i）当 IT 供应商虚报努力的单位罚金满足 $0 < s < c_d u/(u + c_m)$ 时，IT 供应商一定会在收益共享合同中虚报自己开发信息系统所付出的努力，因此企业会选择时间材料合同。（ii）当 IT 供应商虚报努力的单位罚金满足 $s \geqslant c_d u/(u + c_m)$ 时，IT 供应商在收益共享合同中的努力大于时间材料合同中的努力，$e^{RSN} > e^{TMN}$，企业在收益共享合同中的监控水平大于时间材料合同中的监控水平，$\phi^{RS} > \phi^{TM}$；此时，企业选择时间材料合同获得的期望利润更大，$\pi_b^{RSN} < \pi_b^{TMN}$。

证明：比较 IT 供应商的最优努力 e^{TMN} 和 e^{RSN}，企业的监控水平 ϕ^{TM} 和 ϕ^{RS}，以及企业的期望利润 π_b^{TMN} 和 π_b^{RSN}，即可得到该命题。

证毕。

由命题 4.6 可知，内生性监控水平情形下，当 IT 供应商虚报努力的单位罚金较小时，$0 < s < c_d u/(u + c_m)$，收益共享合同中 IT 供应商虚报努力所获得的边际收益总是大于它虚报努力所受到的边际惩罚，因此 IT 供应商会尽可能地高报自己的努力，企业无法通过监控来阻止 IT 供应商虚报努力的行为。因此，企业不会选择收益共享合同来进行信息技术服务外包。换言之，企业在此种情况下将与 IT 供应商签订时间材料合同。

当 IT 供应商虚报努力的单位罚金较大时，$s \geqslant c_d u/(u + c_m)$，收益共享合同激励 IT 供应商付出努力开发信息系统的效果更好，$e^{RSN} > e^{TMN}$，这与既往戴伊等（Dey et al.，2010）的研究结论相似。但是，由于 IT 供应商在收益共享合同中付出努力获得的边际收益大于时间材料合同中的，且两种合同形式下 IT 供应商获得报酬的大小都取决于它向企业报告的努力水平。因此，IT 供应商在收益共享合同中更有动机虚报努力以获得更高的收益。这使得企业不得不在收益共享合同中决策一个更高的监控水平，$\phi^{RS} > \phi^{TM}$。更高的监控水平导致了更高的监控成本，且收益共享合同中企业的监控成本占优于该合同形式激励 IT 供应商努力为企业所带来的收益，最终使得企业在时间材料合同中获得的期望利润更大。因此，内生性监控水平情形下，企业总是选择时间材料合同。

图 4.3 直观展示了当 IT 供应商虚报努力的单位罚金较大时，$s \geqslant c_d u / (u + c_m)$，企业在时间材料合同与收益共享合同中获得的期望利润的差额，其中 $\Delta\pi_b = \pi_b^{TMN} - \pi_b^{RSN}$。由图 4.3 可知，随着监控的单位成本逐渐增加，企业在时间材料合同与收益共享合同中获得的期望利润的差额将逐渐增大。换言之，监控的单位成本越大，企业越偏好于时间材料合同。

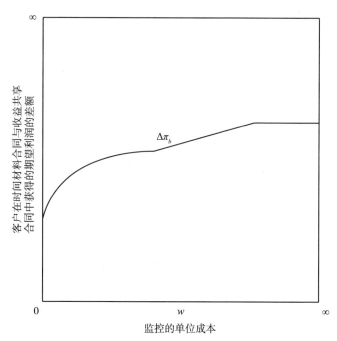

图 4.3 内生性监控水平下企业在两种合同形式中获得的期望利润的差额

注：$s \geqslant c_d u / (u + c_m)$。

4.5　本章小结

越来越多的企业开始向 IT 供应商外包信息系统的开发和维护服务，并在时间材料合同与收益共享合同中使用监控工具以应对 IT 供应商不可观测的努力行为。理论研究中，一些学者认为相比于时间材料合同，收益共享合同应对 IT 供应商道德风险问题的效果更好，因此更推荐企业使用收益共享合同。但是信息技术服务外包实践中，时间材料合同比收益共享合同使用得更为广泛。本章解释了理论研究与管理实践产生差异的原因，探讨了监控对于企业选择时间材料合同与收益共享合同的影响。

本章考虑了两种情形：（1）外生性监控水平，企业的监控水平在时间材料合同与收益共享合同中为相同的常数；（2）内生性监控水平，企业在设计合同条款时，还需要内生决策该合同形式下的监控水平。接下来，IT 供应商根据相应的合同条款以及监控水平，付出努力开发信息系统，并通过报告给企业的努力水平获得相应的报酬。最后，系统开发完成，IT 供应商将信息系统交付给企业使用并为企业提供系统维护服务。

研究发现，相比于时间材料合同，收益共享合同激励 IT 供应商付出努力的效果更好，从而使企业获得的信息系统质量更高。进一步，本章研究了企业在内生性监控水平和外生性监控水平情形下的合同选择策略。外生性监控水平情形下，收益共享合同中信息技术服务产生的总利润更高，企业在两种合同形式中获得的利润份额取决于它在该合同形式中谈判力的大小，且时间材料合同中企业的谈判力大于收益共享合同中的。因此，如果企业在收益共享合同中的谈判力较强，则它在收益共享合同中获得的期望利润更高，因此选择收益共享合同；反之，则企业选择时间材料合同。

内生性监控水平情形下，虽然收益共享合同能够更好地激励 IT 供应商付出努力开发信息系统，从而使得信息技术服务的总利润更高，但是企业却更偏好于时间材料合同。原因在于，收益共享合同中 IT 供应商付出努力获得的边际收益大于时间材料合同中的，因此收益共享合同使得 IT 供应商虚报努力的动机更强。为了防止 IT 供应商虚报努力，企业需要在收益共享合同中决策一个更高的监控水平。更高的监控水平导致企业需要承担更高的监控成本，且该监控成本高于收益共享合同激励 IT 供应商努力为企业所带来的收益。最终，相比于收益共享合同，企业在时间材料合同中获得的期望利润更高。

本章未来可以从以下几个方向继续进行深入研究：首先，由于本章主要考虑时间材料合同与收益共享合同对于 IT 供应商努力的激励效果，因此模型中仅假设 IT 供应商单边付出努力开发信息系统。现实中，系统开发阶段往往需要交易双方共同参与，即存在双边道德风险问题。企业的努力水平如何影响它的合同选择以及 IT 供应商的努力水平也将是一个有意义的研究问题。其次，现实中可能存在不止一个 IT 供应商，进一步研究 IT 供应商的竞争效应对于企业合同选择的影响，将为企业的信息技术服务外包实践提供有价值的理论指导。

第 5 章

IT 供应商系统故障数量不确定情形下
考虑再谈判的合同设计

5.1 引　　言

随着信息技术服务外包业务的不断成熟和普及，越来越多的企业开始将系统开发、系统调试和系统维护等服务外包给专业的 IT 供应商。国际信息咨询公司 Beroe 的报告显示，2017 年全球信息技术服务外包市场规模为 3 940 亿美元。我国已经成为全球第二大信息技术服务外包国，2018 年承接的离岸信息技术服务外包合同金额为 2 655.6 亿元人民币（柯素芳，2019）。另外，根据毕马威的调查报告，信息技术服务外包项目的平均执行周期约为 4 年 7 个月（KPMG，2018）。较长的项目周期、软件代码具有易变性（Krishnan et al.，2004）以及信息技术更新换代速度快（Moreno，2017）等特点，使得信息技术服务外包中的不确定性风险尤为突出。具体来说，IT 供应商付出努力开发信息系统的过程往往受到一些偶发事件的影响，导致信息系统质量具有事后不确定性，这使得企业在设计信息技术服务外包合同时面临较大的挑战。

现实中，大部分企业选择在事前与 IT 供应商签订一份简单的固定价格合同，然后在信息系统开发完成后，根据观测到的信息系统质量与 IT 供应商再谈判事前合同以应对不确定性风险。例如，美国堪萨斯州环卫部在事前与埃森哲签订了一份固定价格合同，系统开发完成后根据观测到的系统质量，环卫部延长了事前合同中关于系统调试时间的条款（McLean，2016）。也有少部分企业同时使用再谈判与绩效合同来应对事后不确定性风险（Sudhakar，2024），其中信息系统的质量（IT 供应商的服务绩效）往往通过系统故障预测数量进行度量（Dey et al.，2010）。

一方面，既往关于信息技术服务外包合同的文献，大多是从完全合同的角度，考虑企业如何通过合同设计以应对 IT 供应商的道德风险问题。特别地，戴伊等（Dey et al.，2010）在不考虑再谈判的情形下，比较了固定价格合同与绩效合同对于 IT 供应商努力的激励效果，发现相比于固定价格合同，绩效合同能更好地激励 IT 供应商付出努力开发信息系统。然而现实中，由于存在无法预测的偶发事件、无法缔约的努力行为以及无法证实的努力效果，信息技术服务外包合同必然不完全合同（Susarla et al.，2010，Han et al.，2011；Susarla，2012），且信息技术服务外包实践中，固定价格合同比绩效合同使用得更为广泛（Jaworski and Grela，2020）。那么，从不完全合同的角度，企业与 IT 供应商在系统开发完成后再谈判事前合同的行为，对于 IT 供应商在以上两种合同形式下的努力水平以及企业的合同选择有怎样的影响？

另一方面，既往关于信息技术服务外包合同的研究中，巴塔恰亚等（Bhattacharya et al.，2015）以及安纳德和戈亚尔（Anand and Goyal，2019）考虑到了信息技术服务外包合同的不完备性，但他们主要侧重于研究再谈判对于信息技术服务外包的消极影响：巴塔恰亚等（Bhattacharya et al.，2015）为企业设计了最优的再谈判预防合同；安纳德和戈亚尔（Anand and Goyal，2019）指出再谈判是一种短视的合同策略。然而管理实践中，高德纳咨询公司的调查显示，大约75%的企业选择了与IT供应商再谈判信息技术服务外包合同（James，2017）。那么，为什么现实中企业大多选择与IT供应商进行再谈判？再谈判对于企业进行信息技术服务外包具有怎样的积极影响？

为了回答上述问题，本章建立了一个包含系统开发、调试和维护的多阶段信息技术服务外包模型。通过该模型，我们可以分别在存在与不存在再谈判情形下设计最优的固定价格合同与绩效合同，分析再谈判对于IT供应商努力和企业期望利润的影响，并为企业的合同选择策略提供理论指导。

研究发现，首先，不存在再谈判情形下，相比于固定价格合同，一方面，绩效合同中企业可以通过决策IT供应商绩效的单位报酬来规制IT供应商的事前系统调试时间，从而增加企业的期望利润；另一方面，绩效合同中企业的缔约成本高于固定价格合同。因此，当绩效合同中的缔约成本较小时，企业选择绩效合同；反之，则选择固定价格合同。

其次，相比于不存在再谈判的情形，再谈判可以从两个方面增加企业的期望利润：第一，再谈判具有风险规避效应，即再谈判可以规避IT供应商系统开发过程中的不确定性风险，从而降低不确定性风险给企业带来的利润损失；第二，再谈判具有努力激励效应，即再谈判可以通过激励IT供应商的努力来增加企业的期望利润。同时，存在再谈判情形下，由于交易双方可以通过再谈判在事后调整系统调试时间，因此企业不再需要通过规制事前系统调试时间来增加自身的期望利润。换言之，存在再谈判情形下，绩效合同规制事前系统调试时间的作用将不再增加企业的期望利润。考虑到绩效合同的缔约成本高于固定价格合同，因此存在再谈判情形下，企业更愿意在事前与IT供应商签订一份固定价格合同，并在系统开发完成后通过再谈判获得更高的利润。

5.2 模型描述

考虑企业向 IT 供应商外包一套定制化的信息系统。IT 供应商的外包服务包括 3 个阶段：系统开发、系统调试和系统维护。系统开发阶段，IT 供应商基于原型信息系统为企业开发定制化的信息系统，且交易双方根据系统的故障预测数量度量信息系统的质量（Dey et al.，2010）。假设原型信息系统的故障预测数量为 B_{PIS}，IT 供应商付出努力 $e \in \{e_H, e_L\}$（$e_H < e_L$）将定制化信息系统的故障预测数量降为 $B_{CIS} = B_{PIS} - e + \varepsilon$，其中 ε 是一个均匀分布在 $[-\varphi, \varphi]$ 上的随机变量，用以描述 IT 供应商开发信息系统过程中的不确定性。由于现实中不存在完美的系统，即系统故障数量不可能为零，因此本章假设 $B_{PIS} - e_H - \varphi > 0$。IT 供应商开发信息系统的成本为 ce^2，其中 c 表示 IT 供应商开发信息系统的能力。值得注意的是，c 值越大，则付出相同努力的情况下，IT 供应商开发信息系统的成本越高，开发信息系统的能力越低。与戈沙尔等（Ghoshal et al.，2017）和李等（Li et al.，2017）的研究相似，本章假设系统开发的时间是一个常数，且将与系统开发时间相关的成本标准化为零。

系统调试阶段，IT 供应商花费时间 t（$t \geq 0$）调试信息系统的成本为 kt。系统调试的过程满足 Goel – Okumoto 模型特征（Goel and Okumoto，1979）：（i）t 时刻 IT 供应商通过系统调试发现的系统故障数量约为 $B_{CIS}[1 - \exp(-\lambda t)]$，其中 λ 是系统故障检出率；（ii）IT 供应商发现系统故障后，立即对故障进行修补。IT 供应商在系统调试阶段修补系统故障的成本为 $\omega_t B_{CIS}[1 - \exp(-\lambda t)]$，其中 ω_t（$\omega_t > 0$）是该阶段 IT 供应商修补系统故障的单位成本。

系统维护阶段，信息系统被交付给企业并投入运行。当信息系统运行出现故障时，IT 供应商需要为企业修补该系统故障，且通常认为系统维护阶段修补故障的单位成本大于系统调试阶段的单位成本（McPeak，2017）。假设 IT 供应商一直为企业提供系统维护服务（即永久售后），则系统维护阶段 IT 供应商需要修补的系统故障预测数量为 $B_{CIS}\exp(-\lambda t)$。IT 供应商系统维护阶段修补系统故障的成本为 $(\omega_t + \omega_m)B_{CIS}\exp(-\lambda t)$，其中 ω_m（$\omega_m > 0$）是系统维护阶段比系统调试阶段修补故障增加的单位成本。

综上所述，IT 供应商的总成本 C_v 为：

$$
\begin{aligned}
C_v &= ce^2 + kt + \omega_t B_{CIS}[1 - \exp(-\lambda t)] + (\omega_t + \omega_m)B_{CIS}\exp(-\lambda t) \\
&= ce^2 + kt + \omega_t B_{CIS} + \omega_m B_{CIS}\exp(-\lambda t)
\end{aligned}
\tag{5.1}
$$

由公式（5.1）可得，$\partial C_v / \partial t = k - \lambda \omega_m B_{CIS}\exp(-\lambda t)$，其中 k 是系统调试的边际成本；λB_{CIS} 是系统调试时间为 0 时 IT 供应商的故障检测率，ω_m 可以理解为系统调试阶段发现系统故障所节省的单位成本，因此 $\lambda \omega_m B_{CIS}$ 是系统调试的边际收益（Jiang et al.，2012）。假设 $\lambda \omega_m B_{CIS} > k$ 从而保证系统调试的边际收益大于其边际成本。

企业的效用随着系统交付时定制化系统故障预测数量的增加而递减，即：

$$
U = U_0 - uB_{CIS}\exp(-\lambda t)
\tag{5.2}
$$

其中，U_0 是系统故障数量为零时，定制化信息系统对于企业的价值；u 是企业对于系统故障的敏感程度。

现实中，当系统开发完成，IT 供应商开发信息系统的不确定性 ε 实现之后，交易双方对于信息系统中存在的故障数量的预测发生改变，事前决策的系统调试时间 t 此时可能不再最优。因此，企业可以根据观测到的系统故障预测数量 B_{CIS} 与 IT 供应商再谈判事前合同，将系统调试时间 t 调整为 $\tilde{t}$。本章将再谈判产生的额外的社会收益定义为再谈判盈余（renegotiation surplus），$\Delta \pi$。现实中，再谈判盈余 $\Delta \pi$ 通常由交易双方共享，其中 IT 供应商获得 α 的份额，企业获得 $1 - \alpha$ 的份额；α 和 $1 - \alpha$ 同时也刻画了 IT 供应商和企业在再谈判阶段所拥有的谈判力。为了保证再谈判情形下，事前系统调试时间 t 存在最优内解，假设 IT 供应商的谈判力满足 $0 < \alpha < (\lambda \omega_m B_{CIS} - k) / [\lambda (u + \omega_m) B_{CIS} - k]$。

企业进行信息技术服务外包之前，需要先选择使用固定价格合同还是绩效合同。固定价格合同中，企业一次性支付 IT 供应商一笔固定的报酬 $P_{FP} (P_{FP} \geq 0)$。绩效合同 $\{P_{PB}, r\}$ 中，$P_{PB} (P_{PB} \geq 0)$ 是 IT 供应商提供信息技术服务的固定报酬，$r(r \geq 0)$ 是 IT 供应商降低系统故障预测数量所获得的单位报酬。因此，绩效合同中，IT 供应商的总报酬为 $P_{PB} + r(B_{PIS} - B_{CIS} \exp(-\lambda t))$。值得注意的是，当 $B_{PIS} - B_{CIS} \exp(-\lambda t) \geq 0$ $(B_{PIS} - B_{CIS} \exp(-\lambda t) < 0)$ 时，IT 供应商系统开发和系统调试过程中减少（增加）了系统故障预测数量，此时 $r(B_{PIS} - B_{CIS} \exp(-\lambda t))$ 是关于 IT 供应商绩效的奖金（罚金）。另外，管理实践中，企业如果使用绩效合同，则需要清楚地了解信息技术服务的整个过程以及信息技术服务外包与企业运营的关系，以便建立合理的绩效考核标准（Dey et al.，2010），这使得绩效合同的缔约成本高于固定价格合同。因此，本章将固定价格合同的缔约成本标准化为零，绩效合同的缔约成本为 C_{PB}。

图 5.1 描述了事件发生的顺序。①企业选择合同形式：若企业选择固定价格合同，则决策报酬 $\{P_{FP}\}$；若企业选择绩效合同，则决策报酬 $\{P_{PB}, r\}$。②IT 供应商根据报酬 $\{P_{FP}\}$ 或 $\{P_{PB}, r\}$，决策事前系统调试时间 t，并付出努力 e 为企业开发信息系统，降低定制化信息系统的故障预测数量。③系统开发完成后，开发过程中的不确定性实现，企业可以根据事后观测到的系统故障预测数量与 IT 供应商再谈判系统调试时间，将 t 调整为 $\tilde{t}$（若不进行再谈判，则 $\tilde{t} = t$）。④IT 供应商为企业提供系统调试和系统维护服务。模型中涉及的符号定义如表 5.1 所示。

图 5.1　事件顺序

表 5.1　　　　　　　　　　　　　　　符号表

符号	定义	符号	定义
B_{PIS}	原型信息系统的故障预测数量	ω_t	系统调试阶段 IT 供应商修补系统故障的单位成本
B_{CIS}	定制化信息系统的故障预测数量	ω_m	IT 供应商在系统维护阶段比在系统调试阶段修补系统故障增加的单位成本
e	IT 供应商开发信息系统付出的努力	U	企业的总效用
ε	系统开发过程中的不确定性	U_0	系统故障数量为零时系统对于企业的价值
c	IT 供应商开发信息系统的能力	C_v	IT 供应商的总成本
k	系统调试的单位成本	u	企业对系统故障的敏感程度
t	事前系统调试时间	P_{FP}	固定价格合同中 IT 供应商获得的总报酬
$\tilde{t}$	事后系统调试时间	P_{PB}	绩效合同中 IT 供应商获得的固定报酬
λ	系统故障检出率	r	IT 供应商降低系统故障预测数量的单位报酬
$\alpha,\ 1-\alpha$	IT 供应商和企业的谈判力	C_{PB}	绩效合同的缔约成本
$\Delta\pi$	再谈判盈余		

5.3 不存在再谈判情形

本节将在不存在再谈判情形下，分别设计最优的固定价格合同与绩效合同，再通过比较不同合同形式中企业的期望利润，探讨固定价格合同与绩效合同对企业期望利润的影响以及它的最优合同选择策略。

5.3.1 固定价格合同设计

若交易双方事前能够承诺事后不进行再谈判，则企业首先决策固定价格合同中支付给 IT 供应商的报酬 $\{P_{FP}\}$。其次，在观测到 $\{P_{FP}\}$ 后，IT 供应商决策系统调试时间 t，并付出努力 e 为企业降低系统故障预测数量。最后，系统开发完成，IT 供应商根据时间 t 对信息系统进行调试，然后将信息系统交付给企业并为企业提供系统维护服务。此时 IT 供应商的期望收益 π_v^{FPN} 如下所示，其中下标字符"v"表示 IT 供应商，上标字符"FPN"表示不存在再谈判情形下的固定价格合同：

$$
\begin{aligned}
\pi_v^{FPN}(e,\ t \mid P_{FP}) &= E_\varepsilon\big[\,P_{FP} - ce^2 - kt - \omega_t(B_{PIS} - e + \varepsilon) \\
&\quad - \omega_m(B_{PIS} - e + \varepsilon)\exp(-\lambda t)\,\big] \\
&= P_{FP} - ce^2 - kt - (\omega_t + \omega_m\exp(-\lambda t))(B_{PIS} - e) \quad (5.3)
\end{aligned}
$$

预计到 IT 供应商的最优努力 e^{FPN} 和事前系统调试时间 t^{FPN}，企业的期望利润如下所示，其中下标字符"b"表示企业：

$$
\begin{aligned}
\pi_b^{FPN}(P_{FP}) &= E_\varepsilon\big[\,U_0 - u(B_{PIS} - e^{FPN} + \varepsilon)\exp(-\lambda t^{FPN}) - P_{FP}\,\big] \\
&= U_0 - u(B_{PIS} - e^{FPN})\exp(-\lambda t^{FPN}) - P_{FP} \quad (5.4)
\end{aligned}
$$

假设 IT 供应商的保留利润为 0，且该信息是公开信息，则企业在决

策最优报酬 P_{FP} 时，还需要考虑个人理性（IR）约束，$\pi_v^{FPN}(e^{FPN}, t^{FPN} \mid P_{FP}) \geq 0$，该约束保证了 IT 供应商接受合同所获得的期望收益不低于其保留利润。根据逆向归纳法分别优化 IT 供应商的期望收益和企业的期望利润，可得此时 IT 供应商和企业的最优决策。定义阈值 $l^N = k[\ln(B_{PIS} - e_H) - \ln(B_{PIS} - e_L)]/\lambda(e_H - e_L)$。

命题 5.1：不存在再谈判情形下，（i）当 IT 供应商开发信息系统能力较大时，$0 < c < (\omega_t + l^N)/(e_H + e_L)$，IT 供应商的最优努力和事前系统调试时间分别为 $e^{FPN} = e_H$ 和 $t^{FPN} = \ln(\lambda\omega_m(B_{PIS} - e_H)/k)/\lambda$，企业使用固定价格合同支付给 IT 供应商的最优报酬为 $P_{FP}^N = ce_H^2 + \omega_t(B_{PIS} - e_H) + \dfrac{k}{\lambda}\Big[1 + \ln\Big(\dfrac{\lambda\omega_m(B_{PIS} - e_H)}{k}\Big)\Big]$；（ii）当 IT 供应商开发信息系统能力较小时，$c \geq (\omega_t + l^N)/(e_H + e_L)$，IT 供应商的最优努力和事前系统调试时间分别为 $e^{FPN} = e_L$ 和 $t^{FPN} = \ln(\lambda\omega_m(B_{PIS} - e_L)/k)/\lambda$，企业使用固定价格合同支付给 IT 供应商的最优报酬为 $P_{FP}^N = ce_L^2 + \omega_t(B_{PIS} - e_L) + \dfrac{k}{\lambda}\Big[1 + \ln\Big(\dfrac{\lambda\omega_m(B_{PIS} - e_L)}{k}\Big)\Big]$。

证明：首先分析 IT 供应商的最优决策。若固定价格合同中给定报酬 P_{FP}，则由公式（5.3）可得 IT 供应商的期望收益 π_v^{FPN} 关于事前系统调试时间 t 的一阶导为 $\partial\pi_v^{FPN}/\partial t = -k + \lambda\omega_m(B_{PIS} - e)\exp(-\lambda t)$。当该一阶导为零时，可得方程 $-k + \lambda\omega_m(B_{PIS} - e)\exp(-\lambda t) = 0$，解该方程得 $t^* = \ln(\lambda\omega_m(B_{PIS} - e)/k)/\lambda$。同时可得 π_v^{FPN} 关于 t 的二阶导为 $\partial^2\pi_v^{FPN}/\partial t^2 = -\lambda^2\omega_m(B_{PIS} - e)\exp(-\lambda t)$，即 $\partial^2\pi_v^{FPN}/\partial t^2 < 0$。将 t^* 代入公式（5.3）可得：

$$\pi_v^{FPN}(e) = P_{FP} - ce^2 - \frac{k}{\lambda}\Big[1 + \ln\Big(\frac{\lambda\omega_m(B_{PIS} - e)}{k}\Big)\Big] - \omega_t(B_{PIS} - e)$$

$$(5.5)$$

比较 $\pi_v^{FPN}(e_H)$ 和 $\pi_v^{FPN}(e_L)$ 的大小，即可得到 IT 供应商的最优努力 e^{FPN}。将 $e = e^{FPN}$ 代入 $t^* = \ln(\lambda\omega_m(B_{PIS} - e)/k)/\lambda$，即可得到 IT 供应

商最优的事前系统调试时间。

接下来分析企业的最优决策。为了最大化自身利润，企业会尽可能降低 P_{FP}，从而使得（IR）约束取等号，故 $P_{FP} = ce^{FPN2} + \dfrac{k}{\lambda}\left[1 + \ln\left(\dfrac{\lambda\omega_m(B_{PIS} - e^{FPN})}{k}\right)\right] + \omega_t(B_{PIS} - e^{FPN})$。将 e^{FPN} 代入 P_{FP}^N，即可得到企业的最优决策 P_{FP}^N。

证毕。

由命题 5.1 可知，当 IT 供应商开发信息系统能力较大时，由于 IT 供应商降低系统故障预测数量的成本较低，因此它会付出高努力；反之，当 IT 供应商开发信息系统能力较小时，IT 供应商降低系统故障预测数量的成本较高，因此为了降低成本，它会选择付出低努力。进一步，从企业的角度考虑，固定价格合同中，企业可以通过事前决策的最优固定报酬 P_{FP}^N 攫取信息技术服务的全部利润。但是，由于固定价格合同中 IT 供应商与企业利益不一致，IT 供应商付出的最优努力 e^{FPN} 无法最大化企业的期望利润，且不存在再谈判时，固定价格合同中企业没有相应的工具来规制 IT 供应商的行为。

5.3.2 绩效合同设计

若交易双方事前能够承诺事后不进行再谈判，则企业首先决策绩效合同中的报酬 $\{P_{PB}, r\}$。接下来，在观测到 $\{P_{PB}, r\}$ 后，IT 供应商决策事前系统调试时间 t，并付出努力 e 为企业降低系统故障预测数量。系统开发完成后，IT 供应商根据时间 t 对信息系统进行调试，然后将信息系统交付给企业并为企业提供系统维护服务。此时 IT 供应商的期望收益 π_v^{PBN} 如下所示，其中上标字符 "PBN" 表示不存在再谈判情形下的绩效合同：

$$\pi_v^{PBN}(e,\ t\mid P_{PB},\ r) = E_\varepsilon\big[P_{PB} + r(B_{PIS} - (B_{PIS} - e + \varepsilon)\exp(-\lambda t)) - ce^2 - kt$$

$$-\omega_t(B_{PIS} - e + \varepsilon) - \omega_m(B_{PIS} - e + \varepsilon)\exp(-\lambda t)\big]$$

$$= P_{PB} + rB_{PIS} - ce^2 - kt - (\omega_t + (r + \omega_m)$$

$$\exp(-\lambda t))(B_{PIS} - e) \tag{5.6}$$

预计到 IT 供应商的最优努力 e^{PBN} 和事前系统调试时间 t^{PBN}，企业的期望利润如下所示：

$$\pi_b^{PBN}(P_{PB},\ r) = E_\varepsilon\big[U_0 - u(B_{PIS} - e^{PBN} + \varepsilon)\exp(-\lambda t^{PBN}) - P_{PB}$$

$$-r(B_{PIS} - (B_{PIS} - e^{PBN} + \varepsilon)\exp(-\lambda t^{PBN})) - C_{PB}\big]$$

$$= U_0 - (u - r)(B_{PIS} - e^{PBN})\exp(-\lambda t^{PBN}) - P_{PB} - rB_{PIS} - C_{PB}$$

$$\tag{5.7}$$

企业在决策最优报酬 $\{P_{PB},\ r\}$ 时，还需要考虑个人理性（IR）约束，即 $\pi_v^{PBN}(e^{PBN},\ t^{PBN}\mid P_{PB},\ r) \geqslant 0$，该约束保证了 IT 供应商接受合同所获得的期望收益不低于其保留利润。因此，根据逆向归纳法分别优化 IT 供应商的期望收益和企业的期望利润，可得此时 IT 供应商和企业的最优决策。

命题 5.2：不存在再谈判情形下，若企业使用绩效合同，则（i）当 IT 供应商开发信息系统能力较大时，$0 < c < (\omega_t + l^N)/(e_H + e_L)$，IT 供应商的最优努力和事前系统调试时间分别为 $e^{PBN} = e_H$ 和 $t^{PBN} = \ln(\lambda(u + \omega_m)(B_{PIS} - e_H)/k)/\lambda$，此时的最优报酬 $\{P_{PB},\ r\}$ 为 $P_{PB}^N = ce_H^2 + \omega_t(B_{PIS} - e_H) + \dfrac{k}{\lambda}\Big[1 + \ln\Big(\dfrac{\lambda(u + \omega_m)(B_{PIS} - e_H)}{k}\Big)\Big] - uB_{PIS}$，$r^N = u$；（ii）当 IT 供应商开发信息系统能力较小时，$c \geqslant (\omega_t + l^N)/(e_H + e_L)$，IT 供应商的最优努力和事前系统调试时间为 $e^{PBN} = e_L$ 和 $t^{PBN} = \ln(\lambda(u + \omega_m)(B_{PIS} - e_L)/k)/\lambda$，此时的最优报酬 $\{P_{PB},\ r\}$ 为 $P_{PB}^N = ce_L^2 + \omega_t(B_{PIS} - e_L) + \dfrac{k}{\lambda}\Big[1 + \ln\Big(\dfrac{\lambda(u + \omega_m)(B_{PIS} - e_L)}{k}\Big)\Big] - uB_{PIS}$，$r^N = u$。

证明：首先分析 IT 供应商的最优决策。若给定报酬 $\{P_{PB},\ r\}$，则由公式（5.6）可得 IT 供应商的期望收益 π_v^{PBN} 关于事前系统调试时间 t 的一阶导为 $\partial\pi_v^{PBN}/\partial t = -k + \lambda(r+\omega_m)(B_{PIS}-e)\exp(-\lambda t)$。当该一阶导为零时，可得方程 $-k + \lambda(r+\omega_m)(B_{PIS}-e)\exp(-\lambda t)=0$，解方程可得 $t^* = \ln(\lambda(u+\omega_m)(B_{PIS}-e)/k)/\lambda$。同时可证得 π_v^{PBN} 关于 t 的二阶导为 $\partial^2\pi_v^{PBN}/\partial t^2 = -\lambda^2(r+\omega_m)(B_{PIS}-e)\exp(-\lambda t)$，即 $\partial^2\pi_v^{PBN}/\partial t^2<0$。将 t^* 代入公式（5.6）可得：

$$\pi_v^{PBN}(e) = P_{PB} + rB_{PIS} - ce^2 - \frac{k}{\lambda}\left[1 + \ln\left(\frac{\lambda(r+\omega_m)(B_{PIS}-e)}{k}\right)\right] - \omega_t(B_{PIS}-e)$$

$$(5.8)$$

比较 $\pi_v^{PBN}(e_H)$ 和 $\pi_v^{PBN}(e_L)$ 的大小，即可得到 IT 供应商的最优努力 e^{PBN}。将 $e = e^{PBN}$ 代入 $t^* = \ln(\lambda(u+\omega_m)(B_{PIS}-e)/k)/\lambda$，可得到 IT 供应商最优的事前系统调试时间。

接着分析企业的最优决策。为了最大化自身利润，企业会尽可能地降低 P_{PB}，从而使（IR）约束取等号，故 $P_{PB} = ce^2 + \omega_t(B_{PIS}-e) + \frac{k}{\lambda}\left[1 + \ln\left(\frac{\lambda(r+\omega_m)(B_{PIS}-e_L)}{k}\right)\right] - rB_{PIS}$。将 P_{PB} 代入公式（5.7），可以得到企业的优化问题等价于：

$$\max_{r\geq 0}\pi_b^{PBN} = U_0 - ce^{PBN^2} - \omega_t(B_{PIS} - e^{PBN})$$
$$- \frac{k}{\lambda}\left[1 + \frac{u-r}{r+\omega_m} + \ln\left(\frac{\lambda(r+\omega_m)(B_{PIS}-e^{PBN})}{k}\right)\right] - C_{PB}$$

$$(5.9)$$

由公式（5.9）可得企业的期望利润 π_b^{PBN} 关于 IT 供应商降低系统故障预测数量的单位报酬 r 的一阶导为 $\partial\pi_b^{PBN}/\partial r = -k(r-u)/\lambda(r+\omega_m)^2$。当该一阶导为零时，得方程，$-k(r-u)/\lambda(r+\omega_m)^2=0$。解方程，可得 $r^N = u$。同时可得 π_b^{PBN} 关于 r 的二阶导为 $\partial^2\pi_b^{PBN}/\partial r^2 = k(r-2u-\omega_m)/\lambda(r+\omega_m)^3$，将 $r^N = u$ 代入该二阶导，可证得 $\partial^2\pi_b^{PBN}/\partial r^2<0$。故将 $r^N = u$ 代入 P_{PB} 和 t^*、e^{PBN} 即可得到该命题。

证毕。

由命题 5.2 可知，一方面，与固定价格合同相似，绩效合同中，当 IT 供应商开发信息系统的能力较大（小）时，由于 IT 供应商付出努力的成本较低（高），因此它会付出高（低）努力来降低系统故障预测数量；同时，企业可以在绩效合同中通过决策最优的固定报酬 P_{PB}^{N} 来攫取信息技术服务的全部利润。另一方面，与固定价格合同中企业没有相应的工具来规制 IT 供应商不同，不存在再谈判情形下，企业可以在绩效合同中通过决策 IT 供应商降低系统故障预测数量的单位报酬 r^{N} 来规制 IT 供应商的事前系统调试时间 t^{PBN}，从而增加自身的期望利润。

5.3.3　企业合同选择

本小节将通过比较不存在再谈判情形下企业在固定价格合同与绩效合同中的期望利润，探讨企业的最优合同选择策略。

命题 5.3：不存在再谈判情形下，（ i ）当绩效合同的缔约成本较小时，$0 < C_{PB} < \dfrac{k}{\lambda}\left(\dfrac{u}{\omega_m} - \ln\left(1 + \dfrac{u}{\omega_m}\right)\right)$，企业选择绩效合同获得的期望利润更高；（ ii ）当绩效合同的缔约成本较大时，$C_{PB} \geqslant \dfrac{k}{\lambda}\left[\dfrac{u}{\omega_m} - \ln\left(1 + \dfrac{u}{\omega_m}\right)\right]$，企业选择固定价格合同获得的期望利润更高。

证明：由命题 5.1 和命题 5.2 可得，$\pi_b^{PBN} - \pi_b^{FPN} = \dfrac{k}{\lambda}\left(\dfrac{u}{\omega_m} - \ln\left[1 + \dfrac{u}{\omega_m}\right]\right) - C_{PB}$。定义函数：$f(x) = x - \ln(1 + x)$，其中 $x > 0$，可得该函数的一阶导为 $\partial f(x)/\partial x = x/(1 + x)$，即 $\partial f(x)/\partial x > 0$ 恒成立。又因为当 x 趋近于 0 时，$f(x) \to 0$，因此函数 $f(x) > 0$ 恒成立。把函数中的 x 替换为 $\dfrac{u}{\omega_m}$，即可证得 $\dfrac{k}{\lambda}\left[\dfrac{u}{\omega_m} - \ln\left(1 + \dfrac{u}{\omega_m}\right)\right] > 0$ 恒成立。因此，当 $0 < C_{PB} <$

$\dfrac{k}{\lambda}\left[\dfrac{u}{\omega_m}-\ln\left(1+\dfrac{u}{\omega_m}\right)\right]$ 时，$\pi_b^{PBN}-\pi_b^{FPN}>0$，即绩效合同中企业的期望利润更高；当 $C_{PB}\geqslant\dfrac{k}{\lambda}\left[\dfrac{u}{\omega_m}-\ln\left(1+\dfrac{u}{\omega_m}\right)\right]$ 时，$\pi_b^{PBN}-\pi_b^{FPN}\leqslant0$，即固定价格合同中企业的期望利润更高。

证毕。

由命题 5.3 可知，不存在再谈判情形下，企业需要在绩效合同规制 IT 供应商事前系统调试时间所获得的收益 $\dfrac{k}{\lambda}\left[\dfrac{u}{\omega_m}-\ln\left(1+\dfrac{u}{\omega_m}\right)\right]$ 与绩效合同的缔约成本 C_{PB} 之间进行权衡取舍，从而选择使用固定价格合同还是绩效合同进行信息技术服务外包。当绩效合同的缔约成本小于其收益时，$0<C_{PB}<\dfrac{k}{\lambda}\left[\dfrac{u}{\omega_m}-\ln\left(1+\dfrac{u}{\omega_m}\right)\right]$，企业更愿意使用绩效合同；反之，$C_{PB}\geqslant\dfrac{k}{\lambda}\left[\dfrac{u}{\omega_m}-\ln\left(1+\dfrac{u}{\omega_m}\right)\right]$，则企业选择固定价格合同。图 5.2 直观展示了不存在再谈判情形下企业的合同选择策略，其中 IT 供应商在系统维护阶段比在系统调试阶段系统修补故障所增加的单位成本 ω_m 可以理解为系统调试阶段发现系统故障所节省的单位成本。随着 ω_m 的逐渐增加，事前最优系统调试时间，$t^{PBN}=\dfrac{1}{\lambda}\ln\left[\dfrac{\lambda\left(r^N+\omega_m\right)\left(B_{PIS}-e^{PBN}\right)}{k}\right]$，受到单位报酬 r^N 的影响逐渐减小，即绩效合同对于 IT 供应商事前系统调试时间的规制能力越来越弱。因此，如图 5.2 所示，随着 ω_m 的增加，绩效合同通过规制事前系统调试时间为企业所多带来的收益将逐渐减少。换言之，系统调试阶段发现系统故障所节省的单位成本越大，企业越愿意选择固定价格合同。

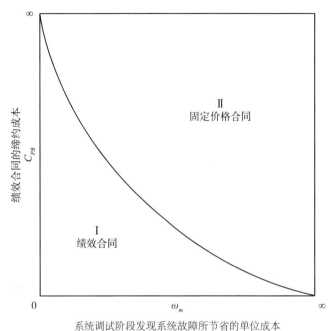

图 5.2　不存在再谈判情形下企业的合同选择

5.4　存在再谈判情形

本节针对企业在系统开发完成后，根据观测到的系统故障预测数量，与 IT 供应商再谈判事前系统调试时间的情况，分别设计最优的固定价格合同与绩效合同。其次，通过比较存在与不存在再谈判情形下企业与 IT 供应商的最优决策，分析再谈判对于信息技术服务外包的影响。最后，通过比较企业在固定价格合同与绩效合同中的期望利润，探讨企业的最优合同选择策略。

5.4.1　固定价格合同设计

根据逆向归纳法，若交易双方事前无法承诺事后不进行再谈判，则企业在系统开发的不确定性实现之后，根据观测到的系统故障预测数量，与 IT 供应商进行再谈判将系统调试时间 t 调整为事后系统调试时间 $\tilde{t}$。由于 IT 供应商和企业根据自身的谈判力 α 和 $1-\alpha$ 获得再谈判盈余 $\Delta\pi$ 的份额，因此，再谈判阶段交易双方的决策目标均为最大化再谈判盈余 $\Delta\pi$：

$$
\begin{aligned}
\max_{\tilde{t} \geq 0} \Delta\pi = {} & (U_0 - u(B_{PIS} - e + \varepsilon)\exp(-\lambda\tilde{t}) - ce^2 - k\tilde{t} \\
& - (\omega_t + \omega_m\exp(-\lambda\tilde{t}))(B_{PIS} - e + \varepsilon)) \\
& - (U_0 - u(B_{PIS} - e + \varepsilon)\exp(-\lambda t) - ce^2 - kt \\
& - (\omega_t + \omega_m\exp(-\lambda t))(B_{PIS} - e + \varepsilon)) \quad\quad (5.10)
\end{aligned}
$$

引理 5.1：若交易双方事前无法承诺事后不进行再谈判，则系统开发完成后，交易双方会根据观测到的系统故障预测数量，将系统调试时间调整为 $\tilde{t}^* = \ln(\lambda(u + \omega_m)(B_{PIS} - e + \varepsilon)/k)/\lambda$。

证明：由公式（5.10）可得，再谈判盈余 $\Delta\pi$ 关于事后系统调试时间 $\tilde{t}$ 的一阶导为 $\partial\Delta\pi/\partial\tilde{t} = -k + \lambda(u + \omega_m)(B_{PIS} - e + \varepsilon)\exp(-\lambda t)$。当该一阶导为零时，得方程 $-k + \lambda(u + \omega_m)(B_{PIS} - e + \varepsilon)\exp(-\lambda t) = 0$，解方程，即可得到事后系统调试时间 $\tilde{t}^* = \ln(\lambda(u + \omega_m)(B_{PIS} - e + \varepsilon)/k)/\lambda$。同时可得 $\Delta\pi$ 关于 $\tilde{t}$ 的二阶导为 $\partial^2\Delta\pi/\partial\tilde{t}^2 = -\lambda^2(u + \omega_m)(B_{PIS} - e + \varepsilon)\exp(-\lambda t)$，即 $\partial^2\Delta\pi/\partial\tilde{t}^2 < 0$。

证毕。

引理 5.1 表明，事后最优的系统调试时间 $\tilde{t}^*$ 与 IT 供应商的努力 e 负相关。原因在于，一方面，IT 供应商在系统开发过程中付出的努力越多，则事后可能实现的系统故障预测数量 B_{CIS} 越少；此时，IT 供应商所需的系统调试时间会减少，进而降低了它的系统调试成本。另一方面，减少系统故障预测数量 B_{CIS} 也会降低 IT 供应商的系统维护成本。因此，若固定价格合同的报酬为 P_{FP}，且事后最优的系统调试时间为 $\tilde{t}^*$，则 IT 供应商的期望收益 π_v^{FPR} 如下所示，其中上标字符"FPR"表示存在再谈判情形下的固定价格合同，$\eta(e)$ 是关于 IT 供应商努力 e 的函数，$\eta(e) = \dfrac{k}{\lambda}\left(\ln\dfrac{\lambda(u+\omega_m)}{k} + \dfrac{1}{2\varphi}((B_{PIS}-e+\varphi)\ln(B_{PIS}-e+\varphi) - (B_{PIS}-e$

$-\varphi)\ln(B_{PIS}-e-\varphi))\right)$：

$$\begin{aligned}
\pi_v^{FPR}(e,\ t\mid P_{FP}) &= E_\varepsilon[P_{FP} - ce^2 - kt - \omega_t(B_{PIS}-e+\varepsilon) \\
&\quad - \omega_m(B_{PIS}-e+\varepsilon)\exp(-\lambda t) + \alpha\Delta\pi] \\
&= P_{FP} - ce^2 - (1-\alpha)kt - (\omega_t + ((1-\alpha)\omega_m \\
&\quad - \alpha u)\exp(-\lambda t))(B_{PIS}-e) - \alpha\eta(e) \qquad (5.11)
\end{aligned}$$

预计到 IT 供应商的努力 e^{FPR} 和事前系统调试时间 t^{FPR}，企业的期望利润为：

$$\begin{aligned}
\pi_b^{FPR}(P_{FP}) &= E_\varepsilon[U_0 - u(B_{PIS}-e^{FPR}+\varepsilon)\exp(-\lambda t^{FPR}) - P_{FP} + (1-\alpha)\Delta\pi] \\
&= U_0 - (\alpha u - (1-\alpha)\omega_m)(B_{PIS}-e^{FPR})\exp(-\lambda t^{FPR}) - P_{FP} \\
&\quad + (1-\alpha)kt^{FPR} - (1-\alpha)\eta(e^{FPR}) \qquad (5.12)
\end{aligned}$$

企业在决策最优报酬 P_{FP} 时，还需要保证 IT 供应商接受合同所获得的期望收益不低于其保留利润 0，即个人理性（IR）约束 $\pi_v^{FPR}(e^{FPR}, t^{FPR}\mid P_{FP}) \geqslant 0$。根据逆向归纳法分别优化 IT 供应商的期望收益和企业的期望利润，可得此时 IT 供应商和企业的最优决策。定义阈值 $l^R = (\eta(e_L) - \eta(e_H))/(e_H - e_L)$。

命题 5.4： 存在再谈判情形下，（i）当 IT 供应商开发信息系统能力较大时，$0 < c < (\omega_t + \alpha l^R + (1-\alpha)l^N)/(e_H + e_L)$，IT 供应商的最优努力和事前系统调试时间分别为 $e^{FPR} = e_H$ 和 $t^{FPR} = \dfrac{1}{\lambda}\ln\dfrac{\lambda((1-\alpha)\omega_m - \alpha u)(B_{PIS}-e_H)}{(1-\alpha)k}$，固定价格合同的最优报酬为 $P_{FP}^R = ce_H^2 + \dfrac{(1-\alpha)k}{\lambda}\left(1 + \ln\left(\dfrac{\lambda((1-\alpha)\omega_m - \alpha u)(B_{PIS}-e_H)}{(1-\alpha)k}\right)\right) + \omega_t(B_{PIS}-e_H) + \alpha\eta(e_H)$；（ii）当 IT 供应商开发信息系统能力较小时，$c \geqslant (\omega_t + \alpha l^R + (1-\alpha)l^N)/(e_H + e_L)$，IT 供应商的最优努力为和事前系统调试时间分别为 $e^{FPR} = e_L$ 和 $t^{FPR} = \dfrac{1}{\lambda}\ln\dfrac{\lambda((1-\alpha)\omega_m - \alpha u)(B_{PIS}-e_H)}{(1-\alpha)k}$，固定价格合

同的最优报酬为 $P_{FP}^R = ce_L^2 + \dfrac{(1-\alpha)k}{\lambda}\left(1+\ln\left(\dfrac{\lambda((1-\alpha)\omega_m-\alpha u)(B_{PIS}-e_L)}{(1-\alpha)k}\right)\right) + \omega_t(B_{PIS}-e_L)+\alpha\eta(e_L)$。

证明：首先分析 IT 供应商的最优决策。若固定价格合同中给定报酬 P_{FP}，则由公式（5.11）可得 IT 供应商的期望收益 π_v^{FPR} 关于事前系统调试时间 t 的一阶导为 $\partial\pi_v^{FPR}/\partial t = -(1-\alpha)k+\lambda((1-\alpha)\omega_m-\alpha u)(B_{PIS}-e)\exp(-\lambda t)$。当该一阶导为零时，得方程 $-(1-\alpha)k+\lambda((1-\alpha)\omega_m-\alpha u)(B_{PIS}-e)\exp(-\lambda t)=0$，解该方程可得 $t^* = \dfrac{1}{\lambda}\ln\left(\dfrac{\lambda((1-\alpha)\omega_m-\alpha u)(B_{PIS}-e)}{(1-\alpha)k}\right)$。同时易得 IT 供应商的期望收益 π_v^{FPR} 关于事前系统调试时间 t 的二阶导为 $\partial^2\pi_v^{FPR}/\partial t^2 = -\lambda^2((1-\alpha)\omega_m-\alpha u)(B_{PIS}-e)\exp(-\lambda t)$，即 $\partial^2\pi_v^{FPR}/\partial t^2 < 0$。将 $t^* = \dfrac{1}{\lambda}\ln\left(\dfrac{\lambda((1-\alpha)\omega_m-\alpha u)(B_{PIS}-e)}{(1-\alpha)k}\right)$ 代入公式（5.11）可得：

$$\pi_v^{FPR}(e) = P_{FP}-ce^2-\frac{(1-\alpha)k}{\lambda}\left(1+\ln\left(\frac{\lambda((1-\alpha)\omega_m-\alpha u)(B_{PIS}-e)}{(1-\alpha)k}\right)\right)$$
$$-\omega_t(B_{PIS}-e)-\alpha\eta(e) \tag{5.13}$$

比较 $\pi_v^{FPR}(e_H)$ 和 $\pi_v^{FPR}(e_L)$ 的大小，即可得到 IT 供应商的最优努力 e^{FPR}。将 $e = e^{FPR}$ 代入 $t^* = \dfrac{1}{\lambda}\ln\left(\dfrac{\lambda((1-\alpha)\omega_m-\alpha u)(B_{PIS}-e)}{(1-\alpha)k}\right)$，可得到 IT 供应商事前最优的系统调试时间 t^{FPR}。

接下来分析企业的最优决策。为了最大化自身利润，企业会尽可能地降低固定价格合同当中 IT 供应商获得的总报酬 P_{FP}，从而使得（IR）约束取等号，故 $P_{FP} = ce^{FPR2} + \dfrac{(1-\alpha)k}{\lambda}\left(1+\ln\left(\dfrac{\lambda((1-\alpha)\omega_m-\alpha u)(B_{PIS}-e^{FPR})}{(1-\alpha)k}\right)\right) + \omega_t(B_{PIS}-e^{FPR})+\alpha\eta(e^{FPR})$。将 e^{FPR} 代入 P_{FP}，即可得到企业的最优决策 P_{FP}^R。

证毕。

由命题 5.4 可知，存在再谈判情形下，当 IT 供应商开发信息系统的能力较大（小）时，由于 IT 供应商付出努力的成本较低（高），因此它会付出高（低）努力来降低系统故障预测数量。比较命题 5.1 和命题 5.4，即存在与不存在再谈判情形下企业和 IT 供应商的最优决策，可以得到以下推论。

推论 5.1：与不存在再谈判情形相比，再谈判既可以解决系统开发过程中 IT 供应商付出努力降低系统故障预测数量的不确定性风险，也可以激励 IT 供应商付出努力开发信息系统。同时，再谈判激励 IT 供应商努力的效果随着 IT 供应商谈判力的增加而加强。

证明：当 IT 供应商在存在和不存在再谈判情形下付出相同的努力 e 时，可得再谈判盈余的期望值：

$$E_\varepsilon \left[\Delta \pi (e \mid \tilde{\iota}^*) \right] = \frac{k}{\lambda} \Big(-\frac{1}{2\varphi} ((B_{PIS} - e + \varphi) \ln (B_{PIS} - e + \varphi)$$
$$- (B_{PIS} - e - \varphi) \ln (B_{PIS} - e - \varphi))$$
$$+ \ln \frac{\omega_m}{u + \omega_m} + \frac{u + \omega_m}{\omega_m} + \ln (B_{PIS} - e) \Big) \quad (5.14)$$

易证得，

$$E_\varepsilon \left[\Delta \pi (e \mid \tilde{\iota}^*) \right] > -\frac{k}{2\varphi\lambda} ((B_{PIS} - e + \varphi) \ln (B_{PIS} - e + \varphi)$$
$$- (B_{PIS} - e - \varphi) \ln (B_{PIS} - e - \varphi))$$
$$+ \frac{k}{\lambda} (1 + \ln (B_{PIS} - e)) \quad (5.15)$$

由 Hadamard 不等式可得：

$$\frac{1}{2\varphi} \int_{-\varphi}^{\varphi} (-1 - \ln (B_{PIS} - e + \varepsilon)) d\varepsilon > -1 - \ln (B_{PIS} - e) \quad (5.16)$$

其中 $\int_{-\varphi}^{\varphi} (-1 - ln (B_{PIS} - e + \varepsilon)) d\varepsilon = (B_{PIS} - e - \varphi) \ln (B_{PIS} - e - \varphi) - (B_{PIS} - e + \varphi) \ln (B_{PIS} - e + \varphi)$。

因此可证得 $E_\varepsilon \left[\Delta \pi (e \mid \tilde{\iota}^*) \right] > 0$。$E_\varepsilon \left[\Delta \pi (e \mid \tilde{\iota}^*) \right]$ 即为再谈判解决系统开发过程中的不确定性风险所获得的收益。同时可得：

$$\frac{\partial E_{\varepsilon}[\Delta\pi(e\mid\tilde{\iota}^{*})]}{\partial e}=\frac{1}{2\varphi}(\ln(B-e+\varphi)-\ln(B-e-\varphi))-\frac{1}{B-e}$$

$$(5.17)$$

由 Hadamard 不等式可得：

$$\frac{1}{2\varphi}\int_{-\varphi}^{\varphi}\frac{1}{B_{PIS}-e+\varepsilon}d\varepsilon>\frac{1}{B_{PIS}-e}\qquad(5.18)$$

其中 $\int_{-\varphi}^{\varphi}\dfrac{1}{B_{PIS}-e+\varepsilon}d\varepsilon=\ln(B-e+\varphi)-\ln(B-e-\varphi)$，因此可证得

$\dfrac{\partial E_{\varepsilon}[\Delta\pi(e\mid\tilde{\iota}^{*})]}{\partial e}>0$，即再谈判解决系统开发过程中的不确定性风险所

获得的收益随着 IT 供应商努力的增加而递增。又因为 IT 供应商和企业共享再谈判盈余，因此再谈判情形下，IT 供应商更愿意付出努力降低系统故障预测数量。特别地，当 IT 供应商开发信息系统能力满足 $(\omega_{\iota}+l^{N})/(e_{H}+e_{L})\leqslant c<(\omega_{\iota}+\alpha l^{R}+(1-\alpha)l^{N})/(e_{H}+e_{L})$ 时，IT 供应商在不存在再谈判情形下付出低努力，$e^{FPN}=e_{L}$，而在存在再谈判情形下付出高努力，$e^{FPR}=e_{H}$。进一步分析可得 $l^{R}>l^{N}$，因此区间 $(\omega_{\iota}+l^{N})/(e_{H}+e_{L})\leqslant c<(\omega_{\iota}+\alpha l^{R}+(1-\alpha)l^{N})/(e_{H}+e_{L})$ 的范围随着 IT 供应商谈判力 α 的增加而扩大。

证毕。

由推论 5.1 可知，与不存在再谈判的情形相比，再谈判可以从两个方面增加企业的期望利润。一方面，再谈判可以解决系统开发过程中的不确定性风险，降低企业由于不确定性风险而产生的利润损失，这一效应被定义为风险规避效应；另一方面，由于交易双方共享再谈判盈余，且再谈判盈余是关于 IT 供应商努力的增函数，因此为了从再谈判中获得更多的收益，IT 供应商会主动地付出更多的努力来降低系统故障预测数量，这一效应被定义为努力激励效应。进一步分析可得，当 IT 供应商谈判力 α 增大时，它分得的再谈判盈余份额也就越多，此时 IT 供应商会更愿意付出高努力 e_{H} 来进一步增加再谈判的总盈余，从而获得

更多的收益。因此，再谈判的努力激励效应会随着 IT 供应商谈判力的增加而加强。

5.4.2　绩效合同设计

绩效合同中，企业首先决策支付给 IT 供应商的报酬 $\{P_{PB}, r\}$。然后，根据报酬 $\{P_{PB}, r\}$，IT 供应商决策事前系统调试时间 t，并付出努力 e 为企业降低系统故障预测数量。若交易双方事前无法承诺事后不进行再谈判，则企业在系统开发的不确定性实现之后，根据观测到的系统故障预测数量，与 IT 供应商进行再谈判，将事前系统调试时间 t 调整为事后系统调试时间 $\tilde{t}$。由引理 5.1 可得，事后最优的系统调试时间为 $\tilde{t}^* = \ln(\lambda(u + \omega_m)(B_{PIS} - e + \varepsilon)/k)/\lambda$。因此，给定报酬 $\{P_{PB}, r\}$，IT 供应商的期望收益 π_v^{PBR} 如下所示，其中上标字符 "PBR" 表示存在再谈判情形下的绩效合同：

$$
\begin{aligned}
\pi_v^{PBR}(e, t \mid P_{PB}, r) &= E_\varepsilon\big[P_{PB} + r(B_{PIS} - (B_{PIS} - e + \varepsilon)\exp(-\lambda t)) - ce^2 - kt \\
&\quad - \omega_t(B_{PIS} - e + \varepsilon) - \omega_m(B_{PIS} - e + \varepsilon)\exp(-\lambda t) + \alpha\Delta\pi\big] \\
&= P_{PB} + rB_{PIS} - ce^2 - (1 - \alpha)kt - \omega_t(B_{PIS} - e) \\
&\quad - (r + (1 - \alpha)\omega_m - \alpha u)(B_{PIS} - e)\exp(-\lambda t) - \alpha\eta(e)
\end{aligned}
$$

(5.19)

预计到 IT 供应商的最优努力 e^{PBR} 和事前系统调试时间 t^{PBR}，企业的期望利润如下所示：

$$
\begin{aligned}
\pi_b^{PBR}(P_{PB}, r) &= E_\varepsilon\big[U_0 - u(B_{PIS} - e^{PBR} + \varepsilon)\exp(-\lambda t^{PBR}) - P_{PB} - C_{PB} \\
&\quad - r(B_{PIS} - (B_{PIS} - e^{PBR} + \varepsilon)\exp(-\lambda t^{PBR})) + (1 - \alpha)\Delta\pi\big] \\
&= U_0 - (\alpha u - (1 - \alpha)\omega_m - r)(B_{PIS} - e^{PBR})\exp(-\lambda t^{PBR}) \\
&\quad - P_{PB} - C_{PB} - rB_{PIS} + (1 - \alpha)kt^{PBR} - (1 - \alpha)\eta(e^{PBR})
\end{aligned}
$$

(5.20)

企业在决策最优报酬 $\{P_{PB}, r\}$ 时，还需要保证 IT 供应商接受合

同所获得的期望收益不低于其保留利润 0，即个人理性（IR）约束 π_v^{PBR}（e^{PBR}，t^{PBR} | P_{PB}，r）≥ 0。根据逆向归纳法分别优化 IT 供应商的期望收益和企业的期望利润，可得此时 IT 供应商和企业的最优决策。

命题 5.5：存在再谈判情形下，（i）当 IT 供应商开发信息系统的能力较大时，$0 < c < (\omega_t + \alpha l^R + (1-\alpha) l^N)/(e_H + e_L)$，IT 供应商的最优努力和事前系统调试时间分别为 $e^{PBR} = e_H$ 和 $t^{PBR} = \ln(\lambda (r^R + (1-\alpha) \omega_m - \alpha u) (B_{PIS} - e_H)/(1-\alpha) k)/\lambda$，企业使用绩效合同支付给 IT 供应商的最优报酬 $\{P_{PB}, r\}$ 为 $P_{PB}^R = ce_H^2 + \dfrac{(1-\alpha)k}{\lambda} \left(1 + \ln\left(\dfrac{\lambda(r^R + (1-\alpha)\omega_m - \alpha u)(B_{PIS} - e_H)}{(1-\alpha)k}\right)\right) + \omega_t(B_{PIS} - e_H) + \alpha\eta(e_H) - r^R B_{PIS}$，$r^R \in [0, +\infty)$；（ii）当 IT 供应商开发信息系统的能力较小时，$c \geq (\omega_t + \alpha l^R + (1-\alpha) l^N)/(e_H + e_L)$，IT 供应商的最优努力和事前系统调试时分别为 $e^{PBR} = e_L$ 和 $t^{PBR} = \ln(\lambda(r^R + (1-\alpha)\omega_m - \alpha u)(B_{PIS} - e_L)/(1-\alpha)k)/\lambda$，此时的最优报酬 $\{P_{PB}, r\}$ 为 $P_{PB}^R = ce_L^2 + \dfrac{(1-\alpha)k}{\lambda} \left(1 + \ln\left(\dfrac{\lambda(r^R + (1-\alpha)\omega_m - \alpha u)(B_{PIS} - e_L)}{(1-\alpha)k}\right)\right) + \omega_t(B_{PIS} - e_L) + \alpha\eta(e_L) - r^R B_{PIS}$，$r^R \in [0, +\infty)$。

证明：首先分析 IT 供应商的最优决策。若绩效合同中给定报酬 $\{P_{PB}, r\}$，则由公式（5.19）可得 IT 供应商的期望收益 π_v^{PBR} 关于事前系统调试时间 t 的一阶导为 $\partial \pi_v^{FPR}/\partial t = -(1-\alpha)k + \lambda(r + (1-\alpha)\omega_m - \alpha u)(B_{PIS} - e)\exp(-\lambda t)$。当该一阶导为零时，得方程 $-(1-\alpha)k + \lambda(r + (1-\alpha)\omega_m - \alpha u)(B_{PIS} - e)\exp(-\lambda t) = 0$，解方程可得 $t^* = \dfrac{1}{\lambda}\ln\left(\dfrac{\lambda(r + (1-\alpha)\omega_m - \alpha u)(B_{PIS} - e)}{(1-\alpha)k}\right)$。同时可证得 π_v^{PBR} 关于 t 的二阶导为 $\partial^2 \pi_v^{FPR}/\partial t^2 = -\lambda^2(r + (1-\alpha)\omega_m - \alpha u)(B_{PIS} - e)\exp(-\lambda t)$，即 $\partial^2 \pi_v^{PBR}/\partial t^2 < 0$。将 t^* 代入公式（5.19）可得：

$$\pi_v^{PBR}(e) = P_{PB} + rB_{PIS} - ce^2 - \dfrac{(1-\alpha)k}{\lambda}\left(1 + \ln\left(\dfrac{\lambda(r + (1-\alpha)\omega_m - \alpha u)(B_{PIS} - e)}{(1-\alpha)k}\right)\right)$$

$$- \omega_t(B_{PIS} - e) - \alpha\eta(e) \tag{5.21}$$

比较 $\pi_v^{PBR}(e_H)$ 和 $\pi_v^{PBR}(e_L)$ 的大小，即可得到 IT 供应商的最优努力 e^{PBR}。将 $e = e^{PBR}$ 代入 $t^* = \dfrac{1}{\lambda}\ln\left(\dfrac{\lambda(r+(1-\alpha)\omega_m - \alpha u)(B_{PIS}-e)}{(1-\alpha)k}\right)$，可得到 IT 供应商事前最优的系统调试时间。

接下来分析企业的最优决策。为了最大化自身利润，企业会尽可能降低绩效合同当中 IT 供应商获得的固定报酬 P_{PB}，从而使得（IR）约束取等号，故 $P_{PB} = ce^{PBR2} + \dfrac{(1-\alpha)k}{\lambda}\left(1+\ln\left(\dfrac{\lambda(r+(1-\alpha)\omega_m - \alpha u)(B_{PIS}-e^{PBR})}{(1-\alpha)k}\right)\right) + \omega_t(B_{PIS}-e^{PBR}) + \alpha\eta(e^{PBR}) - r^R B_{PIS}$。将 P_{PB} 代入公式（5.20），可以得到企业的优化问题等价于：

$$\max_{r\geqslant 0}\pi_b^{PBR} = U_0 - ce^{PBR2} - \omega_t(B_{PIS}-e^{PBR}) - \eta(e^{PBR}) - C_{PB} \quad (5.22)$$

分析问题（5.21）可得，企业的期望利润 π_b^{PBR} 与 r 无关。因此，IT 供应商降低系统故障预测数量的单位报酬可取满足定义域内的任意值，即 $r^R \in [0,\ +\infty)$。

证毕。

由命题 5.5 可知，若交易双方事前无法承诺不进行再谈判，则系统开发完成后交易双方可以根据观测到的系统故障预测数量，将系统调试时间调整至事后最优值 $\tilde{t}^*$。此时，绩效合同对于 IT 供应商事前系统调试时间的规制作用将被再谈判替代，即 IT 供应商事前决策的系统调试时间 t^{PBR} 将被再谈判后得到的事后系统调试时间 $\tilde{t}^*$ 所替代，这使得 IT 供应商事前决策的系统调试时间 t^{PBR} 不再影响企业的期望利润。因此，存在再谈判情形下，企业不需要再通过绩效合同规制 IT 供应商的事前系统调试时间，关于 IT 供应商降低系统故障预测数量所获得的单位报酬可取满足定义域内的任意值，即 $r^R \in [0,\ +\infty)$。

另外，比较命题 5.2 和命题 5.5 可知，虽然存在再谈判情形下，最优绩效合同规制 IT 供应商的作用不再增加企业的期望利润，但是与推论 5.1 类似，绩效合同中再谈判具有风险规避效应和努力激励效应。与不存在再谈判情形相比，再谈判可以解决系统开发过程中 IT 供应商付出努力降低系统故障预测数量的不确定性风险，从而降低不确定性风险给企业造成的利润损失。同时，再谈判还能激励 IT 供应商付出努力降低系统故障预测数量，进而增加企业的期望利润。因此，相比于不存在再谈判的情形，企业在再谈判情形下使用绩效合同可以获得更高的期望利润，$\pi_b^{PBR} > \pi_b^{PBN}$。

5.4.3　企业合同选择

本小节将通过比较存在再谈判情形下企业在固定价格合同与绩效合同中的期望利润，探讨企业的最优合同选择策略。

命题 5.6：存在再谈判情形下，相比于绩效合同，企业选择固定价格合同获得的期望利润更高，$\pi_b^{FPR} > \pi_b^{PBR}$。

证明：由命题 5.4 和命题 5.5 可得，$\pi_b^{FPR} - \pi_b^{PBR} = C_{PB}$，因此 $\pi_b^{FPR} > \pi_b^{PBR}$ 恒成立。

证毕。

由命题 5.6 可知，由于交易双方可以在事后再谈判系统调试时间，因此存在再谈判情形下绩效合同对于 IT 供应商事前系统调试时间的规制作用将失去意义，即不再增加企业的期望利润。此时，固定价格合同与绩效合同为企业带来的收益相同，但是绩效合同的缔约成本高于固定价格合同。因此，存在再谈判情形下，相比于绩效合同，企业总是会选择固定价格合同。

进一步，比较命题 5.3 和命题 5.6 可得，由于再谈判具有风险规避效应和努力激励效应，因此相比于不存在再谈判的情形，企业在系统开发完成后，根据观测到的系统故障预测数量，与 IT 供应商再谈判系统调试时间的行为，总是可以增加企业的期望利润。故比较存在和不存在再谈判情形下企业使用固定价格合同和绩效合同所获得的期望利润，即比较 π_b^{FPR}、π_b^{PBR}、π_b^{FPN} 和 π_b^{PBN}，可以发现企业的最优合同策略为：事前

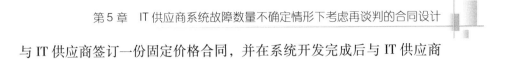

与 IT 供应商签订一份固定价格合同，并在系统开发完成后与 IT 供应商再谈判系统调试时间。

5.5　本 章 小 结

随着信息技术服务外包的快速发展与普及，与之相关的合同设计问题逐渐成为管理信息系统领域研究者关注的焦点问题。戴伊等（Dey et al.，2010）在不考虑再谈判的情形下，发现相比于固定价格合同，绩效合同能更好地激励 IT 供应商付出努力开发信息系统，因此更推荐企业使用绩效合同。然而在信息技术服务外包实践中，相比于绩效合同，大部分企业更愿意选择固定价格合同。此外，既往研究大多强调再谈判是一种消极且昂贵的风险应对工具，但是信息技术服务外包实践中，大部分企业都选择事后与 IT 供应商再谈判事前合同。因此，本章分别在存在与不存在再谈判情形下设计了最优的固定价格合同与绩效合同，探讨了再谈判对于 IT 供应商努力以及企业期望利润的影响，并为企业的合同选择策略提供了理论指导。

研究发现，首先，不存在再谈判情形下，企业选择信息技术服务外包合同时，需要在绩效合同规制 IT 供应商事前系统调试时间所获得的收益与绩效合同的缔约成本之间进行权衡取舍。当绩效合同的缔约成本小于其收益时，企业更愿意使用绩效合同；反之，则选择固定价格合同。其次，相比于不存在再谈判的情形，再谈判可以通过风险规避效应和努力激励效应来增加企业的期望利润。同时，存在再谈判情形下，由于交易双方可以在事后再谈判系统调试时间，因此绩效合同对 IT 供应商事前系统调试时间的规制作用将不再增加企业的期望利润。考虑到绩效合同的缔约成本高于固定价格合同，存在再谈判情形下，企业更愿意选择固定价格合同。

本章未来可以从以下几个方面继续进行深入研究：首先，现实中 IT

供应商往往具有关于其类型（如信息系统开发能力等）的私有信息，那么再谈判会怎样影响 IT 供应商私有信息对于企业的价值？一方面，由于企业可以在观测到 IT 供应商的私有信息后通过再谈判调整事前合同，因此再谈判可能会减少 IT 供应商私有信息给企业造成的利润损失；另一方面，由于再谈判阶段交易双方共享再谈判盈余，因此再谈判也可能进一步增加 IT 供应商的信息租金，从而增加 IT 供应商私有信息给企业造成的利润损失。这两个方面的权衡取舍将使得再谈判对于企业的信息技术服务外包合同设计研究变得十分有意义。其次，现实中企业面对的往往不止一个 IT 供应商，因此研究再谈判对于企业遴选 IT 供应商的影响，也将为企业的信息技术服务外包实践提供有价值的理论指导。

IT 供应商系统开发事中不可观测
与事后不确定情形下的合同设计

6.1　引　　言

信息技术服务外包在过去几十年得到了飞速的发展和普及（Liang et al.，2016b）。毕马威的调查报告显示，2017 年全球信息技术服务外包合同金额为 1372 亿美元，其中固定价格合同与时间材料合同分别占比 49% 和 2%（KPMG，2018）。然而，信息技术服务外包在带来巨大经济影响力的同时，也给管理者带来了许多新的挑战。

信息技术服务外包通常包含三个阶段：系统开发、系统调试和系统维护，其中存在大量的不可观测行为与不确定性风险。例如，IT 供应商开发信息系统所付出的努力具有不可观测性（Dey et al.，2010），计算机软件代码具有易变性（Krishnan et al.，2004），信息技术的发展具有不可预测性（Moreno，2017）等。监控和再谈判是应对不可观测行为与不确定性风险的两种常见的工具。监控，指企业监控 IT 供应商的整个系统开发过程，包括调阅和查询系统开发文件和日志等，并针对 IT 供应商不可观测的努力给予一定偿付的行为，它通常被使用在时间材料合同中。再谈判，指系统开发完成，不确定性实现之后，企业根据观测到的信息系统质量，与 IT 供应商谈判修改事前合同的行为，它可以被使用在固定价格合同与时间材料合同中。

固定价格合同和时间材料合同是信息技术服务外包中最常见的两种合同形式（Gopal and Sivaramakrishnan，2008；Globalluxsoft，2017；Korotya，2017）。固定价格合同中，企业支付给 IT 供应商一笔事前决定的固定报酬。时间材料合同中，企业除了支付 IT 供应商一笔事前决定的固定报酬以外，还需要根据 IT 供应商的努力给予一定的偿付。由于努力具有不可观测性，因此时间材料合同中企业通常根据 IT 供应商报告的努力来支付该笔偿付。同时，为了防止 IT 供应商虚报努力，企业往往需要使用监控来确认该偿付的合理性。

由于信息系统的开发过程具有不确定性，因此无论是固定价格合同还是时间材料合同，企业都可能在系统开发完成后根据观测到的系统故障预测数量，与 IT 供应商再谈判事前合同中关于系统调试时间的条款。例如，美国堪萨斯州环卫部在事前与埃森哲签订了一份固定价格合同，系统开发完成后，环卫部根据埃森哲所开发系统的质量延长了合同中关于系统调试时间的条款（McLean，2016）；加拿大卫生部在与 IBM 签订了一份时间材料合同后不久，交易双方就修改了合同中涉及系统交付时间和 IBM 修补系统故障的条款（Auditor General，2015）。由于系统调试时间主要取决于 IT 供应商开发信息系统付出努力所实现的效果，因此再谈判系统调试时间不仅可以应对不确定性风险，还能影响 IT 供应商系统开发过程中的努力行为。同时，系统调试时间还是影响 IT 供应商系统调试成本和系统维护成本的重要因素：如果系统调试时间过短，关键性的系统故障未在系统调试中被发现并修补，可能导致较高的系统维护成本；反之，系统调试时间过长会延误系统的发布运行，给企业带来较高的成本。

马图尔（Mathur，2016）认为由于信息技术的快速更新换代，企业最适宜的合同策略为：事前签订一份简单的固定价格合同，事后再根据信息技术服务不确定性实现的效果与 IT 供应商再谈判事前合同。但是，苏格兰警局在与埃森哲再谈判系统调试时间后，终止了它与埃森哲的固定价格合同（Evenstad，2017）。很显然，此时再谈判的效果不佳，并且再谈判并不适用于所有企业。事实上，大部分的企业都不喜欢与 IT 供应商进行再谈判（Shared Services and Outsourcing Network，2023），时间材料合同之所以被广泛使用是因为它能减少再谈判的可能性（Knoll and Pluszczewska，2024），即监控可以替代再谈判。但是，加拿大卫生部在签订了时间材料合同后，主动地与 IBM 进行了再谈判。因此，关于企业如何选择合同策略的问题在信息技术服务外包实践中仍存在争议，且理论研究中缺乏相关的指导意见：企业是仅使用固定价格合同（不使用工具）或时间材料合同（仅使用监控），还是使用固定价格合同与再谈判（仅使用再谈判）或时间材料合同与再谈判（同时使用监控和再谈判）？

　　为了回答上述问题，本章将建立一个企业向 IT 供应商外包信息技术服务的多阶段模型，通过该模型我们可以分析监控与再谈判的互动关系，并为企业提供相应的信息技术服务外包合同策略。研究发现，再谈判可以解决信息技术服务外包所具有的不确定性风险，从而增加社会福利。具体来说，再谈判所增加的社会福利由两个正效应组成，直接风险规避效应和间接风险规避效应，其中直接风险规避效应由即使不存在再谈判 IT 供应商也会付出的努力产生，间接风险规避效应由再谈判使得 IT 供应商相比于不存在再谈判情形多付出的努力产生。一方面，由于间接风险规避效应的存在，当信息系统的需求复杂度适中时，再谈判可以激励 IT 供应商付出努力开发信息系统，该现象被定义为开发后激励效应（再谈判发生在事后），它会随着 IT 供应商谈判力的增强而加强。另一方面，监控也可以激励 IT 供应商付出努力开发信息系统，该现象被定义为开发前激励效应（企业需要在事前决策监控水平）。

　　当监控和再谈判成本均较小时，一方面，谈判力较弱的 IT 供应商由于它获得再谈判盈余的份额较小，所以不会受到开发后激励效应的影响；企业通过开发前激励效应来促使再谈判产生间接风险规避效应，从而增加自身的期望利润，即监控与再谈判具有互补关系①，企业的最优合同策略为时间材料合同与再谈判。另一方面，谈判力较强的IT供应商会受到开发后激励效应的影响从而促使再谈判产生间接风险规避效应；再谈判的开发后激励效应可以替代监控的开发前激励效应，企业的最优合同策略为固定价格合同与再谈判。当监控成本较大而再谈判成本较小时，即使IT供应商拥有的谈判力较弱，再谈判依然可以替代监控。原因在于，此时间接风险规避效应无法促使开发前激励效应所产生的收益高于监控成本，最终导致企业仅使用再谈判来获取直接风险规避效应所产生的收益。

当再谈判成本较大时，企业不会使用再谈判，它的最优合同策略取决于开发前激励效应所获得的收益与监控成本之间的权衡：若开发前激励效应所产生的收益高于监控成本，则监控的开发前激励效应可以替代再谈判的开发后激励效应，企业的最优合同策略为仅使用时间材料合同；反之，则企业不使用监控和再谈判，仅选择固定价格合同。进一步，通过比较静态分析发现，随着信息系统需求复杂度或系统故障率的增加，IT供应商更倾向于付出低努力来开发信息系统；随着信息系统生命周期的增加，IT供应商更倾向于付出高努力来开发信息系统。企业的期望利润会随着信息系统需求复杂度或系统故障率的增加而降低，随着信息系统生命周期的增加而提高。

6.2 信息技术服务外包决策模型

本节将首先建立一个包括企业与IT供应商再谈判系统调试时间的

---

① 文中互补（替代）的定义为：同时使用两种工具可以增加（减少）其中任意一种工具所带来收益（Tiwana，2010）。

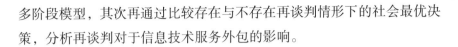

多阶段模型，其次再通过比较存在与不存在再谈判情形下的社会最优决策，分析再谈判对于信息技术服务外包的影响。

6.2.1　模型描述

考虑企业向 IT 供应商外包一套定制化的信息系统。IT 供应商的外包服务包括 3 个阶段：系统开发、系统调试和系统维护。系统开发阶段，IT 供应商基于企业的需求为企业开发信息系统。假设 Y 为信息系统的需求复杂度，它包括信息系统代码库的规模和系统模块数量等（August and Niculescu，2013）。IT 供应商付出努力 $e \in \{e_H, e_L\}$ 来改进定制化信息系统的可靠性（$e_H > e_L$）。软件工程领域，信息系统可靠性通常根据系统的故障预测数量进行度量（Yamada，2014）。因此，IT 供应商付出的努力越多，则信息系统的故障预测数量越低，信息系统可靠性越高。IT 供应商付出努力的成本为 e/c，其中 c 代表 IT 供应商开发信息系统的能力。

考虑到信息系统需求复杂度 Y、IT 供应商开发信息系统的能力 c 以及 IT 供应商的努力 e，系统开发结束时，定制化信息系统的故障预测数量 $N_{CS}(e)$ 为：

$$N_{CS}(e) = YB(c) - e^{\beta} + \varepsilon \tag{6.1}$$

公式（6.1）中，$YB(c)$ 表示初始的系统故障预测数量，它随着信息系统需求复杂度 Y 和系统故障率 $B(c)$ 的增加而递增，其中系统故障率 $B(c)$ 是关于 IT 供应商开发信息系统能力的减函数 [即，$\partial B(c)/\partial c < 0$]。本章采用单因素柯布—道格拉斯（Single - Factor Cobb - Douglas）函数刻画 IT 供应商努力的效果 e^{β}，其中 β 为 IT 供应商努力的效率，$\beta \in (0, 1)$ 反映了信息技术服务外包行业规模经济递减的特征（Hu et al.，1998；Parker and Van Alstyne，2018）。ε 是一个均匀分布在 $[-\sigma, \sigma]$ 上的随机变量，用以描述系统开发过程中的不确定性。

由于现实中不存在完美的系统，即系统故障数量不可能为零，因此

本章假设 $YB(c)-(e_H^\beta+\sigma)>0$。其中 $YB(c)$ 为初始的系统故障预测数量，$(e_H^\beta+\sigma)$ 表示 IT 供应商付出高努力 e_H 后实现的最佳效果。给定需求复杂度 Y，系统开发时间通常为一个固定的常数（Ghoshal et al.，2017，Li et al.，2017）。因此不失一般性，本章将系统开发时间标准化为零。

系统开发完成后，系统开发过程中的不确定性 ε 实现，IT 供应商为企业提供系统调试服务。假设信息系统的生命周期为 T，它主要包括了系统调试时间和系统维护时间（Ji et al.，2011；August and Niculescu，2013）。IT 供应商花费时间 $t(t<T)$[①] 调试系统的成本为 $K(c)t$，其中系统调试的单位成本 $K(c)$ 是关于 IT 供应商开发信息系统能力的减函数［即，$\partial K(c)/\partial c<0$］。系统调试过程符合 Goel – Okumoto 模型特征（Goel and Okumoto，1979）：（i）系统故障出现的过程服从强度函数为 $\lambda N_{CS}(e)\exp(-\lambda t)$ 的非齐次泊松过程，故在 t 时刻，信息系统中剩余故障的预测数量为 $\tilde{N}_{CS}(e,t)=N_{CS}(e)\exp(-\lambda t)$，其中 λ 是系统故障检出率；（ii）IT 供应商发现系统故障后，立即对系统故障进行修补。IT 供应商在系统调试阶段修补系统故障的成本为 $a(N_{CS}(e)-\tilde{N}_{CS}(e,t))$，其中 $a(a>0)$ 是该阶段 IT 供应商修补系统故障的单位成本。

系统调试结束后，信息系统被交付给企业并投入运行，信息系统的使用寿命为 $(T-t)$，该时间段内 IT 供应商为企业提供系统维护服务。当信息系统运行出现故障时，IT 供应商需要为企业修补该系统故障，且系统维护阶段修补故障的单位成本大于系统调试阶段的单位成本（McPeak，2017）。因此，IT 供应商在系统维护阶段的成本为 $(a+b)(\tilde{N}_{CS}(e,t)-\tilde{N}_{CS}(e,T))$，其中 $b(b>0)$ 是系统维护阶段比系统调试阶段修补故障增加的单位成本，$(\tilde{N}_{CS}(e,t)-\tilde{N}_{CS}(e,T))$ 是系统

---

① 本章假设信息系统的生命周期 $T>\dfrac{1}{\lambda}\ln\left[\dfrac{\lambda b N_{CS}(e)}{K(c)}\right]$ 从而保证最优系统调试时间 t 存在内解。

维护阶段出现系统故障的预测数量。

综上所述，IT 供应商的总成本 $TC(e, t)$ 为：

$$TC(e, t) = \frac{e}{c} + K(c)t + a(N_{CS}(e) - \tilde{N}_{CS}(e, t))$$
$$+ (a + b)(\tilde{N}_{CS}(e, t) - \tilde{N}_{CS}(e, T))$$
$$= \frac{e}{c} + K(c)t + aN_{CS}(e)(1 - \exp(-\lambda T))$$
$$+ bN_{CS}(e)(\exp(-\lambda t) - \exp(-\lambda T)) \quad (6.2)$$

企业使用信息系统的时间段为 $[t, T]$，且在时刻 $\tau \in [t, T]$，信息系统中剩余故障的预测数量为 $\tilde{N}_{CS}(e, \tau) = N_{CS}(e)\exp(-\lambda\tau)$。假设在时刻 τ，企业对于系统故障的负效用率为 $\delta\tilde{N}_{CS}(e, \tau)$，其中 δ 是企业对于系统故障的敏感程度，则时间段 $[t, T]$ 内，系统故障给企业带来的负效用为：

$$\int_t^T \delta\tilde{N}_{CS}(e, \tau)d\tau = \frac{\delta}{\lambda}N_{CS}(e)(\exp(-\lambda t) - \exp(-\lambda T)) \quad (6.3)$$

企业的总效用 $U(e, t)$ 随着系统需求复杂度 Y 以及系统使用时间 $(T - t)$ 的增加而递增，随着系统维护（运行）阶段出现系统故障数量的增加而递减，故：

$$U(e, t) = Y(T - t) - \frac{\delta}{\lambda}N_{CS}(e)(\exp(-\lambda t) - \exp(-\lambda T)) \quad (6.4)$$

本章假设每个系统故障给企业带来的负效用较小，即 $\delta/\lambda < bY/K(c)$，从而保证企业进行信息技术服务外包可以获得正利润。同时，系统调试的边际收益大于系统调试的边际成本，即 $(\delta + \lambda b)N_{CS}(e) > Y + K(c)$[①]。

---

① 由公式（6.2）和公式（6.4）可得，$\frac{\partial[U(et) - TC(e, t)]}{\partial t} = -(K(c) + Y) + (\delta + \lambda b)N_{CS}(e)\exp(-\lambda t)$，其中 $(K(c) + Y)$ 是系统调试的边际成本；$\lambda N_{CS}(e)$ 是系统调试时间为 0 时 IT 供应商的故障检测率，$\left(\frac{\delta}{\lambda} + b\right)$ 可以理解为系统调试阶段发现系统故障所节省的单位成本，因此 $(\delta + \lambda b)N_{CS}(e)\exp(-\lambda t)$ 是系统调试的边际收益。

企业可以选择使用固定价格合同或时间材料合同来进行信息技术服务外包。固定价格合同中，企业一次性支付 IT 供应商一笔固定的报酬 $P_{FP}(P_{FP} \geq 0)$。时间材料合同中，除了一笔事前给定的固定报酬 P_{TM} 外，企业还需要向 IT 供应商支付一笔关于 IT 供应商努力的偿付。IT 供应商努力的不可观测性使得企业根据 IT 供应商报告的努力 $\hat{e}(\hat{e} \geq 0)$ 而非真实的努力 e 支付该笔偿付。因此，时间材料合同中，IT 供应商获得的报酬为 $P_{TM} + r\hat{e}$，其中 r 是关于 IT 供应商努力的单位报酬。为了防止 IT 供应商虚报努力，时间材料合同中，企业需要使用监控来确认 IT 供应商报告的努力 $\hat{e}$。假设企业的监控水平 $\phi \in [0, 1]$ 代表企业发现 IT 供应商虚报努力的概率，即 ϕ 值越高意味着企业会花费更多的精力监控 IT 供应商开发信息系统的过程，如查阅更多的系统开发日志等。企业的监控成本为 $w\phi$，其中 w 表示监控的单位成本（Dey et al.，2010）。如果企业发现 IT 供应商虚报努力，则 IT 供应商需要承担罚金 $s(\hat{e} - e)^+$，其中 s 是 IT 供应商虚报努力的单位罚金，且 $(x)^+ = \max\{0, x\}$。这笔罚金刻画了 IT 供应商由于虚报努力而造成的名誉损失以及未来的商业交易损失。

现实中，系统开发完成后，IT 供应商开发信息系统的不确定性 ε 实现。此时，交易双方对于信息系统中存在的故障数量的预测发生改变，事前决策的系统调试时间 t 可能不再最优。企业根据观测到的系统故障预测数量 $N_{CS}(e)$ 与 IT 供应商再谈判事前合同，将事前系统调试时间 t 调整为事后系统调试时间 $\tilde{t}$。本章将交易双方再谈判后产生的额外的社会收益定义为再谈判盈余 $RS(\tilde{t})$。现实中，再谈判盈余 $RS(\tilde{t})$ 通常由交易双方共享，其中企业和 IT 供应商获得的份额分别为 $1 - \alpha$ 和 α，该份额也代表它们各自所拥有的谈判力。再谈判后，IT 供应商在固定价格合同与时间材料合同中获得的固定报酬分别为 $\tilde{P}_{FP} = P_{FP} + \alpha RS(\tilde{t})$ 和 $\tilde{P}_{TM} = P_{TM} + \alpha RS(\tilde{t})$。再谈判成本 C_R 由企业承担[①]。

图6.1 描述了事件发生的顺序。（1）企业选择合同形式：若企业选择固定价格合同，则决策报酬 $\{P_{FP}\}$；若企业选择时间材料合同，则决策报酬 $\{P_{PB}, r\}$ 和监控水平 ϕ。（2）若企业选择固定价格合同，则 IT 供应商根据报酬 $\{P_{FP}\}$，决策事前系统调试时间 t，并付出努力 e 开发信息系统；若企业选择时间材料合同，则 IT 供应商根据报酬 $\{P_{TM}, r\}$ 和监控水平 ϕ，决策事前系统调试时间 t 和向企业报告的努力 $\hat{e}$，并付出努力 e 开发信息系统。（3）系统开发的不确定性实现，企业根据观测到的系统故障预测数量与 IT 供应商再谈判系统调试时间，将 t 调整为 $\tilde{t}$（若不进行再谈判，则 $\tilde{t}=t$），IT 供应商获得的固定报酬也随之发生改变。（4）信息系统开发完成并被交付给企业使用，IT 供应商为企业提供系统调试和系统维护服务。模型中涉及的符号定义如表 6.1 所示。

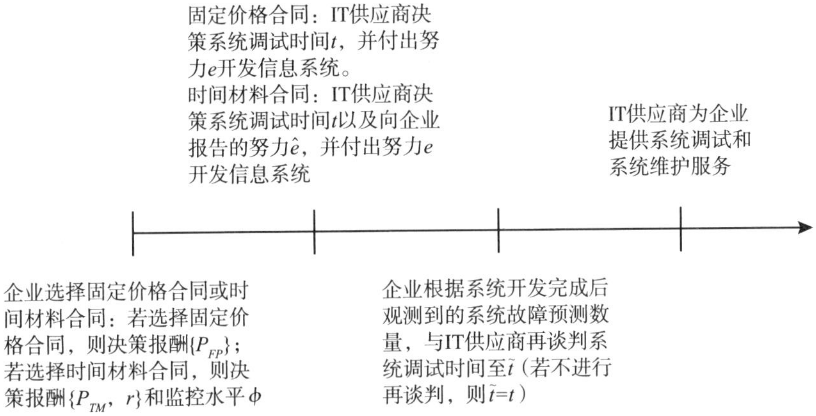

固定价格合同：IT供应商决策系统调试时间t，并付出努力e开发信息系统。

时间材料合同：IT供应商决策系统调试时间t以及向企业报告的努力$\hat{e}$，并付出努力e开发信息系统

IT供应商为企业提供系统调试和系统维护服务

企业选择固定价格合同或时间材料合同：若选择固定价格合同，则决策报酬$\{P_{FP}\}$；若选择时间材料合同，则决策报酬$\{P_{TM}, r\}$和监控水平ϕ

企业根据系统开发完成后观测到的系统故障预测数量，与IT供应商再谈判系统调试时间至$\tilde{t}$（若不进行再谈判，则$\tilde{t}=t$）

图 6.1　事件顺序

---

　① 若假设再谈判成本由企业与 IT 供应商按照各自的谈判力共同承担，本章的研究结论依然存在。

表6.1   符号表

符号	定义	符号	定义
$N_{CS}(e)$	定制化信息系统的故障预测数量	a	系统调试阶段IT供应商修补系统故障的单位成本
e	IT供应商开发信息系统付出的努力	b	IT供应商在系统维护阶段比在系统调试阶段修补系统故障增加的单位成本
$\hat{e}$	IT供应商向企业报告的努力	Y	信息系统需求复杂度
ε	系统开发过程中的不确定性	$B(c)$	系统故障率
T	信息系统的生命周期	δ	企业对于系统故障的敏感程度
t	事前系统调试时间	β	IT供应商努力的效率
$\tilde{t}$	事后系统调试时间	P_{FP}	固定价格合同中的事前固定报酬
τ	系统维护（运行）阶段任一时刻	$\tilde{P}_{FP}$	固定价格合同中的事后固定报酬
λ	系统故障检出率	P_{TM}	时间材料合同中的事前固定报酬
$\tilde{N}_{CS}(e,t)$	t时刻系统中剩余的故障预测数量	$\tilde{P}_{TM}$	时间材料合同中的事后固定报酬
$\tilde{N}_{CS}(e,T)$	T时刻系统中剩余故障的预测数量	r	IT供应商付出努力获得的单位报酬
c	IT供应商开发信息系统的能力	ϕ	企业的监控水平
$K(c)$	系统调试的单位成本	w	企业监控的单位成本
TC	IT供应商的总成本	s	IT供应商虚报努力的单位罚金
U	企业的总效用	RS	再谈判盈余
$\alpha, 1-\alpha$	IT供应商和企业的谈判力	RB	再谈判收益
C_R	企业的再谈判成本		

6.2.2 不考虑再谈判成本情形下的社会最优决策

本小节针对再谈判成本为零（$C_R = 0$）的情况，通过比较存在与不存在再谈判情形下关于IT供应商努力和事前系统调试时间的社会最优决策，分析再谈判对于信息技术服务外包的影响。首先，存在再谈判情形下，企业与IT供应商将事前系统调试时间t修改为事后系统调试时间

$\tilde{t}$ 后，获得的再谈判盈余 $RS(\tilde{t})$ 为：

$$RS(\tilde{t}) = (U(e, \tilde{t}) - TC(e, \tilde{t})) - (U(e, t) - TC(e, t))$$

$$(6.5)$$

由公式（6.2）和公式（6.4）可得，公式（6.5）等价于：

$$RS(\tilde{t}) = \left[Yt + \frac{\delta}{\lambda}(YB(c) - e^\beta + \varepsilon)\exp(-\lambda t) + K(c)t \right.$$

$$+ b(YB(c) - e^\beta + \varepsilon)\exp(-\lambda t) \right]$$

$$- \left[Y\tilde{t} + \frac{\delta}{\lambda}(YB(c) - e^\beta + \varepsilon)\exp(-\lambda\tilde{t}) + K(c)\tilde{t} \right.$$

$$+ b(YB(c) - e^\beta + \varepsilon)\exp(-\lambda\tilde{t}) \right] \qquad (6.6)$$

其次，通过优化事后系统调试时间 $\tilde{t}$ 来最大化再谈判盈余 $RS(\tilde{t})$，可得事后最优的系统调试时间：

$$\tilde{t}^* = \frac{1}{\lambda}\ln\frac{(\delta + \lambda b)(YB(c) - e^\beta + \varepsilon)}{Y + K(c)} \qquad (6.7)$$

由公式（6.7）可得，高努力更有可能导致较少的系统故障预测数量 $N_{CS}(e)$，进而使得事后系统调试时间减少。因此，事后最优的系统调试时间随着 IT 供应商努力的增加而递减，即 $\partial\tilde{t}^*(e)/\partial e < 0$。通过决策事后最优系统调试时间，再谈判可以解决系统开发过程中的不确定性风险，本章将其定义为风险规避效应 $UR(e)$：

$$UR(e) = E_\varepsilon[RS(\tilde{t}^*)] \qquad (6.8)$$

引理 6.1：再谈判的风险规避效应是一种正效应，$UR(e) > 0$。

证明：将公式（6.7）代入公式（6.6）可得：

$$E_\varepsilon[RS^*] = (Y + K(c))t + \left(\frac{\delta}{\lambda} + b\right)(YB(c) - e^\beta)\exp(-\lambda t)$$

$$- \frac{Y + K(c)}{\lambda}\ln\frac{\delta + \lambda b}{Y + K(c)}$$

$$- \frac{Y + K(c)}{2\sigma\lambda}\left[\begin{array}{l} (YB(c) - e^\beta + \sigma)\ln(YB(c) - e^\beta + \sigma) \\ -(YB(c) - e^\beta - \sigma)\ln(YB(c) - e^\beta - \sigma) \end{array} \right]$$

$$(6.9)$$

由公式（6.9）可得 $E_\varepsilon[RS^*]$ 关于事前系统调试时间 t 的一阶导为 $\partial E_\varepsilon[RS^*]/\partial t = (Y+K(c)) - (\delta+\lambda b)(YB(c)-e^\beta)\exp(-\lambda t)$。当该一阶导为零时，得 $(Y+K(c)) - (\delta+\lambda b)(YB(c)-e^\beta)\exp(-\lambda t) = 0$，解该方程可得 $t = \dfrac{1}{\lambda}\ln\dfrac{(\delta+\lambda b)(YB(c)-e^\beta)}{Y+K(c)}$。同时 $E_\varepsilon[RS^*]$ 关于 t 的二阶导为 $\partial^2 E_\varepsilon[RS^*]/\partial t^2 = \lambda(\delta+\lambda b)(YB(c)-e^\beta)\exp(-\lambda t)$，即 $\partial^2 E_\varepsilon[RS^*]/\partial t^2 > 0$。因此，当 $t = \dfrac{1}{\lambda}\ln\dfrac{(\delta+\lambda b)(YB(c)-e^\beta)}{Y+K(c)}$ 时，可得 $E_\varepsilon[RS^*]$ 的最小值为：

$$E_\varepsilon[RS^*] = \frac{Y+K(c)}{\lambda}\left\{ 1 + \ln(YB(c)-e^\beta) \right.$$
$$\left. -\frac{1}{2\sigma}\left[\begin{array}{c} (YB(c)-e^\beta+\sigma)\ln(YB(c)-e^\beta+\sigma) \\ -(YB(c)-e^\beta-\sigma)\ln(YB(c)-e^\beta-\sigma) \end{array} \right] \right\}$$

$$(6.10)$$

由 Hadamard 不等式可得：

$$\frac{1}{2\sigma}\int_{-\sigma}^{\sigma}[-1-\ln(YB(c)-e^\beta+\varepsilon)]d\varepsilon > -1 - \ln(YB(c)-e^\beta)$$

$$(6.11)$$

其中 $\dfrac{1}{2\sigma}\displaystyle\int_{-\sigma}^{\sigma}[-1-\ln(YB(c)-e^\beta+\varepsilon)]d\varepsilon = -\dfrac{1}{2\sigma}[(YB(c)-e^\beta+\sigma)\ln(YB(c)-e^\beta+\sigma) - (YB(c)-e^\beta-\sigma)\ln(YB(c)-e^\beta-\sigma)]$。

因此，$E_\varepsilon[RS^*] > 0$，即 $UR(e) > 0$ 恒成立。

证毕。

由引理 6.1 可得再谈判的风险规避效应可以增加社会福利。进一步，由公式（6.7）可得信息技术服务外包的社会福利如下所示，其中上标字符"FBR"和"FBN"分别表示存在与不存在再谈判情形下的社会福利，下标字符"S"表示社会福利：

$$\pi_S^{FBR}(e, t) = E_\varepsilon[U(e, t) - TC(e, t) + RS(\tilde{t}^*)] \qquad (6.12)$$

$$\pi_S^{FBN}(e,\ t) = E_\varepsilon[U(e,\ t) - TC(e,\ t)] \tag{6.13}$$

最大化 $\pi_S^{FBR}(e,\ t)$ 和 $\pi_S^{FBN}(e,\ t)$，可得存在与不存在再谈判情形下关于 IT 供应商努力和事前系统调试时间的社会最优决策，如引理 6.2 所示，其中 Y_1 和 Y_2 是关于信息系统需求复杂度的阈值（$Y_1 < Y_2$）。

引理 6.2：存在与不存在再谈判情形下，IT 供应商的社会最优努力 e_{FBR}^* 和 e_{FBN}^* 以及事前社会最优的系统调试时间 t_{FBR}^* 和 t_{FBN}^* 如表 6.2 所示。

表 6.2　　　　　　　　　　　社会最优决策

情形	区间	事前系统调试时间	IT 供应商努力
FBR	$0 < Y < Y_2$	$[0,\ T)$	e_H
	$Y \geqslant Y_2$	$[0,\ T)$	e_L
FBN	$0 < Y < Y_1$	$\dfrac{1}{\lambda}\ln\dfrac{(\delta+\lambda b)(YB(c)-e_H^\beta)}{Y+K(c)}$	e_H
	$Y \geqslant Y_1$	$\dfrac{1}{\lambda}\ln\dfrac{(\delta+\lambda b)(YB(c)-e_L^\beta)}{Y+K(c)}$	e_L

证明：由公式（6.12）可得，存在再谈判情形下的社会福利等价于：

$$\pi_S^{FBR}(e) = YT - \frac{Y+K(c)}{\lambda}\ln\frac{\delta+\lambda b}{Y+K(c)} + \frac{\delta+\lambda b}{\lambda}(YB(c)-e^\beta)\exp(-\lambda t)$$

$$- \frac{Y+K(c)}{2\sigma\lambda}\left[\begin{array}{l}(YB(c)-e^\beta+\sigma)\ln(YB(c)-e^\beta+\sigma)\\ -(YB(c)-e^\beta-\sigma)\ln(YB(c)-e^\beta-\sigma)\end{array}\right]$$

$$- \frac{e}{c} - a(YB(c)-e^\beta)(1-\exp(-\lambda T)) \tag{6.14}$$

首先，由公式（6.14）可知，存在再谈判情形下的社会福利与事前系统调试时间无关，因此 t_{FBR}^* 可取满足定义域 $[0,\ T)$ 内的任一值。

接着比较 $\pi_S^{FBR}(e_H)$ 和 $\pi_S^{FBR}(e_L)$ 的大小，即可得到 IT 供应商的社会最优努力 e_{FBR}^*。定义函数 $\Delta\Pi_S^{FBR} = \pi_S^{FBR}(e_H) - \pi_S^{FBR}(e_L)$，则 $\Delta\Pi_S^{FBR}$ 等价于：

$$\Delta\Pi_S^{FBR} = -\frac{\delta + \lambda b}{\lambda}(e_H^\beta - e_L^\beta)\exp(-\lambda T) - \frac{e_H - e_L}{c} + a(e_H^\beta - e_L^\beta)(1 - \exp(-\lambda T))$$

$$-\frac{Y + K(c)}{2\sigma\lambda}\left[\begin{array}{l}(YB(c) - e_H^\beta + \sigma)\ln(YB(c) - e_H^\beta + \sigma) \\ -(YB(c) - e_H^\beta - \sigma)\ln(YB(c) - e_H^\beta - \sigma)\end{array}\right]$$

$$+\frac{Y + K(c)}{2\sigma\lambda}\left[\begin{array}{l}(YB(c) - e_L^\beta + \sigma)\ln(YB(c) - e_L^\beta + \sigma) \\ -(YB(c) - e_L^\beta - \sigma)\ln(YB(c) - e_L^\beta - \sigma)\end{array}\right]$$

$$(6.15)$$

由洛必达法则可得:

$$\lim_{Y\to 0}\Delta\Pi_S^{FBR} = -\frac{\delta + \lambda b}{\lambda}(e_H^\beta - e_L^\beta)\exp(-\lambda T) + a(e_H^\beta - e_L^\beta)(1 - \exp(-\lambda T))$$

$$-\frac{e_H - e_L}{c} + \frac{B(c)}{2\sigma\lambda}\ln\left(1 + \frac{2\sigma(e_H^\beta - e_L^\beta)}{(YB(c) - e_H^\beta - \sigma)(YB(c) - e_L^\beta + \sigma)}\right)$$

$$(6.16)$$

当 $Y\to 0$ 时, 由假设 $YB(c) - (e_H^\beta + \sigma) > 0$ 可知, $(YB(c) - e_H^\beta - \sigma)\to 0$, 因此得 $\ln\left(1 + \frac{2\sigma(e_H^\beta - e_L^\beta)}{(YB(c) - e_H^\beta - \sigma)(YB(c) - e_L^\beta + \sigma)}\right)\to +\infty$, 即 $\lim_{Y\to 0}\Delta\Pi_S^{FBR} > 0$。同理可得, $\lim_{Y\to +\infty}\Delta\Pi_S^{FBR} < 0$。

又因为由 Hadamard 不等式易得 $\partial\Delta\Pi_S^{FBR}/\partial Y < 0$。因此方程 $\Delta\Pi_S^{FBR} = 0$ 存在唯一内解 $Y^* = Y_2$。换言之, 方程 $\pi_S^{FBR}(e_H) - \pi_S^{FBR}(e_L) = 0$ 存在唯一内解 $Y^* = Y_2$。

同理可得不存在再谈判情形下, IT 供应商的社会最优努力 e_{FBN}^* 和事前社会最优的系统调试时间 t_{FBN}^*。进一步, 当 $Y^* = Y_1$ 时, 可得 $\pi_S^{FBR}(e_H) - \pi_S^{FBR}(e_L) > 0$, 故 $Y_1 < Y_2$。

证毕。

定义存在与不存在再谈判情形下最优社会福利的差值为再谈判收益 (renegotiation benefit) RB^{FB}:

$$RB^{FB} = \pi_S^{FBR}(e_{FBR}^*, t_{FBR}^*) - \pi_S^{FBN}(e_{FBN}^*, t_{FBN}^*) \qquad (6.17)$$

公式（6.17）等价于：

$$RB^{FB} = \underbrace{\pi_S^{FBR}(e_{FBN}^*, t_{FBN}^*) - \pi_S^{FBN}(e_{FBN}^*, t_{FBN}^*)}_{\text{Part I}}$$

$$+ \underbrace{\pi_S^{FBR}(e_{FBR}^*, t_{FBR}^*) - \pi_S^{FBR}(e_{FBN}^*, t_{FBN}^*)}_{\text{Part II}} \qquad (6.18)$$

公式（6.18）中第一部分（Part I）是指存在与不存在再谈判情形下，IT供应商付出相同的努力 e_{FBN}^* 时，再谈判解决系统开发过程中的不确定性风险所带来的收益，即直接风险规避效应。进一步分析可得，风险规避效应会随着IT供应商努力的增加而加强，即 $\partial UR(e)/\partial e > 0$。又因为交易双方共享再谈判盈余，因此再谈判可以激励IT供应商付出更多努力。特别地，由引理6.2可知，当 $Y_1 \leqslant Y < Y_2$ 时，IT供应商在存在再谈判情形下付出高努力 e_H，而在不存在再谈判情形下付出低努力 e_L，本章将这一效应定义为开发后激励效应（再谈判发生在事后）。

相比于不存在再谈判的情形，存在再谈判情形下IT供应商多付出的努力会产生额外的成本 $\pi_S^{FBN}(e_L) - \pi_S^{FBN}(e_H)$，但同时也产生了额外的风险规避效应，$UR(e_H) - UR(e_L)$，且易证得 $(UR(e_H) - UR(e_L)) - (\pi_S^{FBN}(e_L) - \pi_S^{FBN}(e_H)) > 0$。又因为 $\pi_S^{FBR}(e_{FBR}^*, t_{FBR}^*) - \pi_S^{FBR}(e_{FBN}^*, t_{FBN}^*) = (UR(e_H) - UR(e_L)) - (\pi_S^{FBN}(e_L) - \pi_S^{FBN}(e_H))$，因此，公式（6.18）中第二部分（Part II）表示再谈判增加的努力所带来的收益，本章将其定义为间接风险规避效应。

引理6.3：不存在再谈判成本情形下，再谈判收益恒大于零，$RB^{FB} > 0$。

证明：由引理6.1可得，$\pi_S^{FBR}(e_{FBN}^*, t_{FBN}^*) > \pi_S^{FBN}(e_{FBN}^*, t_{FBN}^*)$。又因为 (e_{FBR}^*, t_{FBR}^*) 为存在再谈判情形下的最优解，因此 $\pi_S^{FBR}(e_{FBR}^*, t_{FBR}^*) \geqslant \pi_S^{FBR}(e_{FBN}^*, t_{FBN}^*)$。故证得 $\pi_S^{FBR}(e_{FBR}^*, t_{FBR}^*) > \pi_S^{FBN}(e_{FBN}^*, t_{FBN}^*)$，即 $RB^{FB} > 0$。

证毕。

由引理6.3可得，不存在再谈判成本情形下，再谈判所产生的两个正效应，直接和间接风险规避效应，使得企业总是可以从再谈判中获利。

6.3　合同设计

本节将分别在固定价格合同与时间材料合同中，考虑存在与不存在再谈判情形下企业和 IT 供应商的最优决策，探讨再谈判对于交易双方最优决策的影响。

6.3.1　固定价格合同

固定价格合同中，企业首先决策报酬 $\{P_{FP}\}$，然后 IT 供应商根据观测到的 $\{P_{FP}\}$ 决策事前系统调试时间 t 并付出努力 e 开发信息系统。存在再谈判情况下，系统开发完成后，交易双方将系统调试时间 t 修改为 $\tilde{t}$ 并根据各自的谈判力共享再谈判盈余 $RS(\tilde{t})$，企业承担的再谈判成本为 C_R。再谈判后 IT 供应商为企业提供系统调试和系统维护服务。此时，IT 供应商的期望收益 π_V^{FPR} 和企业的期望利润 π_C^{FPR} 如下所示，其中上标字符"FPR"表示存在再谈判情形下的固定价格合同，下标字符"V"和"C"分别表示 IT 供应商和企业：

$$\pi_V^{FPR}(e,\ t \mid P_{FP}) = E_\varepsilon[P_{FP} - TC(e,\ t) + \alpha RS(\tilde{t}^*)] \quad (6.19)$$

$$\pi_C^{FPR}(P_{FP}) = E_\varepsilon[U(e^*,\ t^*) - P_{FP} + (1-\alpha)RS(\tilde{t}^*) - C_R] \quad (6.20)$$

不存在再谈判情形下，系统开发完成后，IT 供应商立即为企业提供系统调试和系统维护服务。此时，IT 供应商的期望收益 π_V^{FPN} 和企业的期望利润 π_C^{FPN} 如下所示，其中上标字符"FPN"表示不存在再谈判情形下的固定价格合同：

$$\pi_V^{FPN}(e,\ t \mid P_{FP}) = E_\varepsilon[P_{FP} - TC(e,\ t)] \quad (6.21)$$

$$\pi_C^{FPN}(P_{FP}) = E_\varepsilon[U(e^*,\ t^*) - P_{FP}] \tag{6.22}$$

假设 IT 供应商的保留利润为 0，且该信息是公开信息。企业在决策最优报酬 P_{FP} 时，需要考虑个人理性（IR）约束：$\pi_V^{FPR}(e^*,\ t^*) \geqslant 0$ 和 $\pi_V^{FPN}(e^*,\ t^*) \geqslant 0$，它保证了 IT 供应商一定会接受该合同。分析公式（6.19）至公式（6.22），可得存在与不存在再谈判情形下企业和 IT 供应商在固定价格合同中的最优决策，如引理 6.4 所示，其中 $\hat{\alpha}$ 是关于 IT 供应商谈判力的阈值，Y_3、Y_4 和 Y_5 是关于信息系统需求复杂度的阈值（$Y_3 < \min\{Y_4,\ Y_5\}$）。

引理 6.4：固定价格合同中，存在与不存在再谈判情形下，IT 供应商的最优努力 e_{FPR}^* 和 e_{FPN}^* 以及事前系统调试时间 t_{FPR}^* 和 t_{FPN}^* 如表 6.3 所示。

表 6.3　　　　　　　　固定价格合同中的最优决策

情形	区间	事前系统调试时间	IT 供应商努力
FPR	$0 < \alpha < \hat{\alpha},\ 0 < Y < Y_4$	$\dfrac{1}{\lambda}\ln\dfrac{[(1-\alpha)\lambda b - \alpha\delta](YB(c) - e_H^\beta)}{(1-\alpha)K(c) - \alpha Y}$	e_H
	$0 < \alpha < \hat{\alpha},\ Y \geqslant Y_4$	$\dfrac{1}{\lambda}\ln\dfrac{[(1-\alpha)\lambda b - \alpha\delta](YB(c) - e_L^\beta)}{(1-\alpha)K(c) - \alpha Y}$	e_L
	$\hat{\alpha} \leqslant \alpha < 1,\ 0 < Y < Y_5$	0	e_H
	$\hat{\alpha} \leqslant \alpha < 1,\ Y \geqslant Y_5$	0	e_L
FPN	$0 < Y < Y_3$	$\dfrac{1}{\lambda}\ln\dfrac{\lambda b(YB(c) - e_H^\beta)}{K(c)}$	e_H
	$Y \geqslant Y_3$	$\dfrac{1}{\lambda}\ln\dfrac{\lambda b(YB(c) - e_H^\beta)}{K(c)}$	e_L

证明：存在再谈判情形下，首先分析 IT 供应商的最优决策。由公式（6.19）可得 IT 供应商期望收益等价于：

$$\pi_V^{FPR}(e, t) = P_{FP} - \frac{\alpha(Y + K(c))}{\lambda} \ln \frac{\delta + \lambda b}{Y + K(c)}$$

$$- \frac{[(1-\alpha)\lambda b - \alpha\delta]}{\lambda}(YB(c) - e^\beta)\exp(-\lambda t)$$

$$- [(1-\alpha)K(c) - \alpha Y]t$$

$$- \frac{\alpha(Y + K(c))}{2\sigma\lambda}\begin{bmatrix}(YB(c) - e^\beta + \sigma)\ln(YB(c) - e^\beta + \sigma) \\ -(YB(c) - e^\beta - \sigma)\ln(YB(c) - e^\beta - \sigma)\end{bmatrix}$$

$$- \frac{e}{c} - a(YB(c) - e^\beta)(1 - \exp(-\lambda T))$$

$$+ b(YB(c) - e^\beta)\exp(-\lambda T) \qquad (6.23)$$

由公式（6.23）可得 IT 供应商期望收益关于事前系统调试时间 t 的一阶导和二阶导分别为：

$$\frac{\partial \pi_V^{FPR}(e, t)}{\partial t} = -[(1-\alpha)K(c) - \alpha Y] + [(1-\alpha)\lambda b - \alpha\delta](YB(c) - e^\beta)\exp(-\lambda t)$$

$$(6.24)$$

$$\frac{\partial^2 \pi_V^{FPR}(e, t)}{\partial t^2} = -\lambda[(1-\alpha)\lambda b - \alpha\delta](YB(c) - e^\beta)\exp(-\lambda t)$$

$$(6.25)$$

定义 $\hat{\alpha} = \lambda b/(\lambda b + \delta)$，则（i）当 $0 < \alpha < \hat{\alpha}$ 时，易得 $\partial^2 \pi_V^{FPR}(e, t)/\partial t^2 < 0$。因此当 $\partial \pi_V^{FPR}(e, t)/\partial t = 0$ 时，可得 IT 供应商事前最优的系统调试时间；解方程 $\partial \pi_V^{FPR}(e, t)/\partial t = 0$ 得 $t^* = \frac{1}{\lambda} \ln \frac{[(1-\alpha)\lambda b - \alpha\delta](YB(c) - e^\beta)}{(1-\alpha)K(c) - \alpha Y}$。
（ii）当 $\hat{\alpha} \leqslant \alpha < 1$ 时，易得 $\partial^2 \pi_V^{FPR}(e, t)/\partial t^2 \geqslant 0$ 恒成立，比较 $\pi_V^{FPR}(e, t = 0)$ 和 $\pi_V^{FPR}(e, t = T)$，可得 $t^* = 0$。

将 t^* 代入公式（6.23），与社会最优决策情形的求解过程相似，比较 $\pi_V^{FPR}(e_H)$ 和 $\pi_V^{FPR}(e_L)$ 的大小，即可得阈值 Y_4 和 Y_5 以及 IT 供应商的最优努力 e_{FPR}^*。

接下来分析企业的最优决策。为了最大化自身利润，企业会尽可能地降低固定价格合同当中 IT 供应商获得的总报酬 P_{FP}，因此当（IR）

约束取等号时，可得最优报酬 P_{FP}^*。

同理可得不存在再谈判情形下，信息系统需求复杂度的阈值 Y_3 以及 IT 供应商在固定价格合同中的最优努力 e_{FPN}^* 和事前最优系统调试时间 t_{FPN}^*。进一步，当 $Y = Y_3$ 时，可得 $\pi_V^{FPR}(e_H) - \pi_V^{FPR}(e_L) > 0$，故 $Y_3 < \min\{Y_4, Y_5\}$。

证毕。

由引理 6.4 可知，一方面，增加信息系统需求复杂度 Y 会导致系统总的故障预测数量 $N_{CS}(e)$ 增加，从而延长事前最优的系统调试时间。同时，由于事前系统调试时间与 IT 供应商努力负相关，因此不存在再谈判情形下，若信息系统需求复杂度越高（低），则 IT 供应商越倾向于付出低（高）努力开发信息系统。另一方面，存在再谈判情形下，事后最优系统调试时间 $\tilde{t}^*$ 同样随着系统总的故障预测数量 $N_{CS}(e)$ 的增加而递增，且与 IT 供应商努力负相关。因此，当 IT 供应商谈判力较低时，较低（高）的信息系统需求复杂度会导致较短（长）的事前和事后系统调试时间，进而使得 IT 供应商倾向于付出高（低）努力开发信息系统。当 IT 供应商谈判力较高时，较高（低）的信息系统需求复杂度会导致较长（短）的事后系统调试时间，进而使得 IT 供应商倾向于付出低（高）努力开发信息系统。

进一步，由引理 6.3 可知，当 $Y_3 \leqslant Y < \min\{Y_4, Y_5\}$ 时，由于再谈判具有开发后激励效应，因此 IT 供应商在存在再谈判情形下付出的努力高于不存在再谈判情形下的，$e_{FPR}^* > e_{FPN}^*$，这使得再谈判产生间接风险规避效应从而增加企业的期望利润。同时，易证得 $\partial Y_4 / \partial \alpha > 0$ 和 $\partial Y_5 / \partial \alpha > 0$，即开发后激励效应会随着 IT 供应商谈判力的增加而加强。原因在于，IT 供应商的谈判力越强，它获得的再谈判盈余的份额则越大，这使得 IT 供应商更愿意付出高努力来促使再谈判产生间接风险规避效应从而增加再谈判的总盈余。

6.3.2　时间材料合同

时间材料合同中，企业首先决策报酬 $\{P_{TM}, r\}$ 和监控水平 ϕ，然后 IT 供应商根据观测到的 $\{P_{TM}, r\}$ 和 ϕ 决策事前系统调试时间 t 以及向企业报告的努力 $\hat{e}$，并付出努力 e 开发信息系统。存在再谈判情形下，系统开发完成后，交易双方将系统调试时间 t 修改为 $\tilde{t}$ 并根据各自的谈判力共享再谈判盈余 $RS(\tilde{t})$，企业承担的再谈判成本为 C_R。再谈判后 IT 供应商为企业提供系统调试和系统维护服务。此时，IT 供应商的期望收益 π_V^{TMR} 和企业的期望利润 π_C^{TMR} 如下所示，其中上标字符"TMR"表示存在再谈判情形下的时间材料合同[①]：

$$\pi_V^{TMR}(e, \hat{e}, t \mid P_{TM}, r, \phi) = E_\varepsilon\left[P_{TM} + r\hat{e} - TC(e, t) - \phi s(\hat{e} - e)^+ + \alpha RS(\tilde{t}^*)\right] \tag{6.26}$$

$$\pi_C^{TMR}(P_{TM}, r, \phi) = E_\varepsilon\left[U(e^*, t^*) - (P_{TM} + r\hat{e}^*) - w\phi + (1 - \alpha)RS(\tilde{t}^*) - C_R\right] \tag{6.27}$$

不存在再谈判情形下，系统开发完成后，IT 供应商立即为企业提供系统调试和系统维护服务。此时，IT 供应商的期望收益 π_V^{TMN} 和企业的期望利润 π_C^{TMN} 如下所示，其中上标字符"TMN"表示不存在再谈判情形下的时间材料合同：

$$\pi_V^{TMN}(e, \hat{e}, t \mid P_{TM}, r, \phi) = E_\varepsilon\left[P_{TM} + r\hat{e} - TC(e, t) - \phi s(\hat{e} - e)^+\right] \tag{6.28}$$

$$\pi_C^{TMN}(P_{TM}, r, \phi) = E_\varepsilon\left[U(e^*, t^*) - (P_{TM} + r\hat{e}^*) - w\phi\right] \tag{6.29}$$

企业在决策最优报酬 $\{P_{TM}, r\}$ 和监控水平 ϕ 时，不仅需要考虑

---

① IT 供应商虚报努力的罚金 $s(\hat{e} - e)^+$ 刻画的是 IT 供应商由于虚报努力而造成的名誉损失以及未来的商业交易损失。现实中这笔罚金不会被支付给企业，因此企业的利润函数中不包括这笔罚金。

个人理性（IR）约束，$\pi_V^{TMR}(e^*, \hat{e}^*, t^*) \geq 0$ 和 $\pi_V^{TMN}(e^*, \hat{e}^*, t^*) \geq 0$，以保证 IT 供应商接受该合同。同时，企业还需要考虑激励相容（IC）约束，$\pi_V^{TMR}(e^*, \hat{e}^* = e^*, t^*) \geq \pi_V^{TMR}(e^*, \hat{e}^* \neq e^*, t^*)$ 和 $\pi_v^{TMN}(e^*, \hat{e}^* = e^*, t^*) \geq \pi_v^{TMN}(e^*, \hat{e}^* \neq e^*, t^*)$，以保证 IT 供应商如实地报告自己的努力水平。分析公式（6.26）至公式（6.29），可得存在与不存在再谈判情形下企业和 IT 供应商在时间材料合同中的最优决策，如引理 6.5 所示，其中 Y_6、Y_7 和 Y_8 是关于信息系统需求复杂度的阈值，r_1、r_2 和 r_3 是关于 IT 供应商努力的单位报酬的阈值。

引理 6.5： 时间材料合同中，存在与不存在再谈判情形下，IT 供应商的最优努力 e_{TMR}^* 和 e_{TMN}^*、事前最优系统调试时间 t_{TMR}^* 和 t_{TMN}^* 以及企业的最优监控水平 ϕ_{TMR}^* 和 ϕ_{TMN}^* 如表 6.4 所示。

表 6.4　　　　　　　　　　　　时间材料合同中的最优决策

情形	区间	事前系统调试时间	IT 供应商努力	监控水平
TMR	$0 < \alpha < \hat{\alpha}$, $0 < Y < Y_4$	$\dfrac{1}{\lambda}\ln \dfrac{[(1-\alpha)\lambda b - \alpha\delta](YB(c) - e_H^\beta)}{(1-\alpha)K(c) - \alpha Y}$	e_H	0
	$0 < \alpha < \hat{\alpha}$, $Y_4 \leq Y < Y_7$	$\dfrac{1}{\lambda}\ln \dfrac{[(1-\alpha)\lambda b - \alpha\delta](YB(c) - e_H^\beta)}{(1-\alpha)K(c) - \alpha Y}$	e_H	$\min\{r_2/s, 1\}$
	$0 < \alpha < \hat{\alpha}$, $Y \geq Y_7$	$\dfrac{1}{\lambda}\ln \dfrac{[(1-\alpha)\lambda b - \alpha\delta](YB(c) - e_L^\beta)}{(1-\alpha)K(c) - \alpha Y}$	e_L	0
	$\hat{\alpha} \leq \alpha < 1$, $0 < Y < Y_5$	0	e_H	0
	$\hat{\alpha} \leq \alpha < 1$, $Y_5 \leq Y < Y_8$	0	e_H	$\min\{r_3/s, 1\}$
	$\hat{\alpha} \leq \alpha < 1$, $Y \geq Y_8$	0	e_L	0
TMN	$0 < Y < Y_3$	$\dfrac{1}{\lambda}\ln \dfrac{\lambda b(YB(c) - e_H^\beta)}{K(c)}$	e_H	0
	$Y_3 \leq U_0 < Y_6$	$\dfrac{1}{\lambda}\ln \dfrac{\lambda b(YB(c) - e_H^\beta)}{K(c)}$	e_H	$\min\{r_1/s, 1\}$
	$Y \geq Y_6$	$\dfrac{1}{\lambda}\ln \dfrac{\lambda b(YB(c) - e_H^\beta)}{K(c)}$	e_L	0

证明：首先，存在与不存在再谈判情形下，由（IC）约束可得，当 IT 供应商报告的努力与它开发信息系统所付出的努力相等时，$\hat{e}^* = e^*$，IT 供应商付出努力的单位报酬应满足 $r \leqslant \phi s$。

存在再谈判情形下，首先分析 IT 供应商的最优决策。由公式（6.26）可得 IT 供应商期望收益等价于：

$$\pi_V^{TMR}(e, t) = P_{TM} + re - \frac{\alpha(Y + K(c))}{\lambda}\ln\frac{\delta + \lambda b}{Y + K(c)}$$

$$- \frac{[(1-\alpha)\lambda b - \alpha\delta]}{\lambda}(YB(c) - e^\beta)\exp(-\lambda t)$$

$$- [(1-\alpha)K(c) - \alpha Y]t$$

$$- \frac{\alpha(Y + K(c))}{2\sigma\lambda}\left[\begin{array}{l}(YB(c) - e^\beta + \sigma)\ln(YB(c) - e^\beta + \sigma) \\ -(YB(c) - e^\beta - \sigma)\ln(YB(c) - e^\beta - \sigma)\end{array}\right]$$

$$- \frac{e}{c} - a(YB(c) - e^\beta)(1 - \exp(-\lambda T))$$

$$+ b(YB(c) - e^\beta)\exp(-\lambda T) \qquad (6.30)$$

由公式（6.30）可得 IT 供应商期望收益关于事前系统调试时间 t 的一阶导和二阶导分别为：

$$\frac{\partial \pi_V^{TMR}(e, t)}{\partial t} = -[(1-\alpha)K(c) - \alpha Y] + [(1-\alpha)\lambda b - \alpha\delta](YB(c) - e^\beta)\exp(-\lambda t) \qquad (6.31)$$

$$\frac{\partial^2 \pi_V^{TMR}(e, t)}{\partial t^2} = -\lambda[(1-\alpha)\lambda b - \alpha\delta](YB(c) - e^\beta)\exp(-\lambda t) \qquad (6.32)$$

定义 $\hat{\alpha} = \lambda b/(\lambda b + \delta)$，则（i）当 $0 < \alpha < \hat{\alpha}$ 时，易得 $\partial^2 \pi_V^{TMR}(e, t)/\partial t^2 < 0$。因此当 $\partial \pi_V^{TMR}(e, t)/\partial t = 0$ 时，可得 IT 供应商事前最优的系统调试时间；解方程 $\partial \pi_V^{TMR}(e, t)/\partial t = 0$ 得 $t^* = \frac{1}{\lambda}\ln\frac{[(1-\alpha)\lambda b - \alpha\delta](YB(c) - e^\beta)}{(1-\alpha)K(c) - \alpha Y}$。将 t^* 代入公式（6.30），与固定价格合同的求解过程相似，可证得方程 $\pi_V^{TMR}(e_H) - \pi_V^{TMR}(e_L) = 0$ 存在唯一内解 $Y^* = \overline{Y}_2(r)$。因此，（i.a）当

$0 < Y < \overline{Y}_2(r)$ 时，$e^* = e_H$；（i. b）当 $Y \geqslant \overline{Y}_2(r)$ 时，$e^* = e_L$。

（ii）当 $\hat{\alpha} \leqslant \alpha < 1$ 时易得 $\partial^2 \pi_V^{TMR}(e, t)/\partial t^2 \geqslant 0$ 恒成立，比较 $\pi_V^{TMR}(e, t = 0)$ 和 $\pi_V^{TMR}(e, t = T)$，可得 $t^* = 0$。将 t^* 代入公式（6. 30），同理可得，方程 $\pi_V^{TMR}(e_H) - \pi_V^{TMR}(e_L) = 0$ 存在唯一内解 $Y^* = \overline{Y}_3(r)$。因此，（ii. a）当 $0 < Y < \overline{Y}_3(r)$ 时，$e^* = e_H$；（ii. b）当 $Y \geqslant \overline{Y}_3(r)$ 时，$e^* = e_L$。

接下来分析企业的最优决策。一方面，为了最大化自身利润，企业会尽可能地降低时间材料合同中 IT 供应商获得的固定报酬 P_{TM}，因此当（IR）约束取等号时，可得最优报酬 P_{TM}^*。另一方面，由于企业的期望利润随着监控水平 ϕ 的增加而递减，因此当（IC）约束取等号时，可得最优监控水平 $\phi_{TMR}^* = r_{TMR}^*/s$。将 P_{TM}^* 和 ϕ_{TMR}^* 代入公式（6. 17），可得 $\pi_C^{TMR}(e^*)$，其中 e^* 是关于 r 的函数：

$$
\begin{aligned}
\pi_C^{TMR}(e^*) = & YT - \frac{Y + K(c)}{\lambda} \ln \frac{\delta + \lambda b}{Y + K(c)} + \frac{\delta + \lambda b}{\lambda}(YB(c) - e^{*\beta}) \exp(-\lambda t) \\
& - \frac{Y + K(c)}{2\sigma\lambda} \left[\begin{array}{l} (YB(c) - e^{*\beta} + \sigma) \ln(YB(c) - e^{*\beta} + \sigma) \\ - (YB(c) - e^{*\beta} - \sigma) \ln(YB(c) - e^{*\beta} - \sigma) \end{array} \right] \\
& - \frac{e^*}{c} - a(YB(c) - e^{*\beta})(1 - \exp(-\lambda T)) - \frac{wr}{s} - C_R
\end{aligned}
$$

$$(6. 33)$$

将 $Y = \overline{Y}_2(r)$（$Y = \overline{Y}_3(r)$）代入公式（6. 33），可证得方程 $\pi_C^{TMR}(e_H) - \pi_C^{TMR}(e_L) = 0$ 存在唯一内解 $r^* = r_2$（$r^* = r_3$）。又因为 $\phi_{TMR}^* = r_{TMR}^*/s$ 且 $\phi \in [0, 1]$，因此比较 r_2/s、r_3/s 与 0 和 1 的大小，即可得到 r_{TMR}^*。将 r_{TMR}^* 代入 e^*，t^* 和 ϕ_{TMR}^*，即可得 IT 供应商最优的努力、事前最优的系统调试时间和企业的最优监控水平，其中 $Y_7 = \min\{\overline{Y}_2(s), \overline{Y}_2(r_2)\}$，$Y_8 = \min\{\overline{Y}_3(s), \overline{Y}_3(r_3)\}$。

同理可得不存在再谈判情形下，企业和 IT 供应商的最优决策。进一步，易证得当 $Y = Y_6$ 时，$\pi_V^{TMR}(e_H) - \pi_V^{TMR}(e_L) > 0$ 恒成立，故 $Y_6 < \min\{Y_7, Y_8\}$。

证毕。

由引理 6.5 可知,当信息系统需求复杂度特别高或特别低时,企业的监控水平 $\phi_{TMR}^{*}=0$ 和 $\phi_{TMN}^{*}=0$,即时间材料合同退化为固定价格合同。原因在于,当信息系统需求复杂度特别低时,IT 供应商会主动付出高努力开发信息系统并向企业报告高努力,此时企业不需要使用监控。当需求复杂度特别高时,IT 供应商一定只付出低努力开发信息系统,此时,若 IT 供应商可以获得关于努力的偿付,则它将会虚报自己付出了高努力。为了防止 IT 供应商虚报努力,企业会选择不给予 IT 供应商关于其努力的偿付,时间材料合同退化为固定价格合同。

与固定价格合同相比,当信息系统需求复杂度满足 $Y_3 \leqslant Y < Y_6$ 时,IT 供应商在时间材料合同中付出高努力,而在固定价格合同中付出低努力。换言之,与固定价格合同相比,时间材料合同可以通过监控来激励 IT 供应商付出努力开发信息系统,这一现象被定义为监控的开发前激励效应(企业需要在事前决策监控水平)。比较存在与不存在再谈判情形下 IT 供应商的努力,发现引理 6.5 与引理 6.2 相似,当需求复杂度适中时,$Y_6 \leqslant Y < \min\{Y_7, Y_8\}$ 时,IT 供应商在存在再谈判情形下付出高努力,而在不存在再谈判情形下付出低努力。换言之,时间材料合同中再谈判依然具有开发后激励效应。进一步分析可得,时间材料合同中,开发后激励效应可以促使再谈判产生间接风险规避效应以增加企业的期望利润,同时再谈判还可以通过直接风险规避效应增加企业的期望利润。

6.3.3 事前与事后系统调试时间

本小节将探讨存在再谈判情形下,固定价格合同与时间材料合同中的系统调试时间的变化,以及再谈判系统调试时间对于 IT 供应商报酬的影响。

比较事前和事后系统调试时间,可以发现,当 IT 供应商谈判力较低（高）时，事前最优系统调试时间长（短）于期望的事后系统调试时间。原因在于，IT 供应商在决策事前最优的系统调试时间时，仅考虑了自己的成本与 α 份额的再谈判盈余，而交易双方再谈判事后最优的系统调试时间时最大化了信息技术服务的全部利润。事后系统调试时间越短，意味着企业的效用 $Y(T-t)$ 越高，但是系统中剩余的故障预测数量 $N_{CS}(e)\exp(-\lambda t)$ 越多，IT 供应商的系统维护成本越高。因此，若 IT 供应商的谈判力较低，期望的事后系统调试时间短于事前最优系统调试时间长。一方面，若 IT 供应商的谈判力较高，它会将事前系统调试时间设置为零，而后在再谈判中决策一个较长的事后系统调试时间，这样虽然减少了 IT 供应商的事前报酬，但是极大地增加了再谈判盈余。另一方面，由于事后系统调试时间与系统开发过程中的不确定性 ε 相关，因此若 IT 供应商通过努力使得实现的系统故障预测数量 $N_{CS}(e)$ 极少（多）时，实现的事后系统调试时间可能短（长）于事前最优系统调试时间。

比较 IT 供应商事前和事后所获得的固定报酬，可以发现，固定价格合同与时间材料合同中，相比于事前固定报酬（P_{FP} 和 P_{TM}），再谈判系统调试时间可以增加 IT 供应商的事后固定报酬（$\widetilde{P}_{FP}$ 和 $\widetilde{P}_{TM}$）。原因在于，若不发生再谈判，企业所支付的事前固定报酬取决于事前系统调试时间所产生的总成本 $TC(e,t)$。而再谈判之后，企业除了支付 IT 供应商事前固定报酬外，还需要支付一定份额的再谈判盈余 $\alpha RS(\widetilde{t}^{\,*})$，即 $\widetilde{P}_{FP}=P_{FP}+\alpha RS(\widetilde{t}^{\,*})$ 和 $\widetilde{P}_{TM}=P_{TM}+\alpha RS(\widetilde{t}^{\,*})$。由引理 6.1 可得，再谈判盈余恒大于零，因此，再谈判之后 IT 供应商可以获得更高的固定报酬。

6.4　监控与再谈判的互动关系

通过 6.3 节的研究，我们发现监控和再谈判都能激励 IT 供应商付出努力降低系统故障预测数量，且固定价格合同与时间材料合同的本质区别在于企业是否使用监控。本节将在两种工具成本均为零、监控有成本再谈判无成本、监控无成本再谈判有成本和两种工具均有成本四种情形下，分析监控与再谈判的互动关系以及企业的最优合同策略。

6.4.1 无成本的监控和无成本的再谈判

当监控与再谈判都不需要成本时（$w=0$ 和 $C_R=0$），比较引理 6.4 和引理 6.5，可以得到企业的最优合同策略，如命题 6.1 所示，其中 α_1 和 α_2 是关于 IT 供应商谈判力的阈值（$\alpha_1 < \alpha_2$）。

命题 6.1： 当监控和再谈判成本均为零时（$w=0$ 和 $C_R=0$）：

（i）若 $\alpha_1 < \alpha < \alpha_2$，则企业选择时间材料合同与再谈判，监控与再谈判存在互补关系；

（ii）其他情况下，企业选择固定价格合同与再谈判，再谈判替代了监控。

证明：当 $w=0$ 和 $C_R=0$ 时，比较 π_C^{FPR}、π_C^{FPN}、π_C^{TMR} 和 π_C^{TMN} 的大小即可得到该命题，其中 $\bar{\alpha}(Y)$ 是 $Y(\alpha) = \min\{\bar{Y}_2(s), \bar{Y}_3(s)\}$ 的反函数，$\alpha_1 = \max\{0, \bar{\alpha}(Y)\}$；$\bar{\alpha}(Y)$ 是 $Y(\alpha) = \min\{Y_4, Y_5\}$ 的反函数，$\alpha_2 = \min\{\bar{\alpha}(Y), 1\}$。

证毕。

首先，由于再谈判可以通过产生直接和间接风险规避效应增加企业的期望利润，因此当再谈判成本为零时，企业一定会选择再谈判。此时，若 IT 供应商谈判力较弱，$\alpha_1 < \alpha < \alpha_2$，它获得的再谈判盈余份额较小，则 IT 供应商不会受到开发后激励效应的影响。企业通过监控的开发前激励效应激励 IT 供应商付出高努力开发信息系统，从而促使再谈判产生间接风险规避效应以增加企业的期望利润。因此，监

控与再谈判具有互补关系，企业的最优合同策略为时间材料合同与再谈判。

其次，若IT供应商谈判力较强，$\alpha_2 \leqslant \alpha \leqslant 1$，它会受到开发后激励效应的影响而付出高努力开发信息系统。此时企业不需要使用监控，再谈判的开发后激励效应替代了监控的开发前激励效应。因此，企业的最优合同策略为固定价格合同与再谈判。现实中，递波系统（D-Wave System）是全球唯一一家量子计算机的IT供应商，这使得它在信息技术服务外包领域的谈判力较强（Marketwired，2017），因此谷歌向递波系统外包量子计算机时选择了固定价格合同并在之后再谈判了合同期限（Knapp，2013；Harris，2015）。

值得注意的是，IT供应商谈判力的阈值α_1会随着信息系统需求复杂度Y的增加而弱增加。当需求复杂度特别高时，存在区间$0 \leqslant \alpha \leqslant \alpha_1$，此时IT供应商一定只付出低努力开发信息系统，开发前激励效应和开发后激励效应都会失效，企业仅通过再谈判产生的直接风险规避效应增加自身的期望利润。

6.4.2 有成本的监控和无成本的再谈判

当监控水平ϕ产生成本$w\phi$而再谈判不需要成本（$C_R = 0$）时，比较引理6.4和引理6.5，我们可以得到企业的最优合同策略，如命题6.2所示，其中$\hat{w}$是关于监控单位成本的阈值。

命题6.2：当监控水平ϕ产生成本$w\phi$而再谈判成本为零（$C_R = 0$）时：

（i）若$\alpha_1 < \alpha < \alpha_2$且$0 < w < \hat{w}$，则企业选择时间材料合同与再谈判，两种工具存在互补关系；

（ii）其他情况下，企业选择固定价格合同与再谈判，再谈判替代了监控。

证明：当$C_R = 0$时，比较π_C^{FPR}、π_C^{FPN}、π_C^{TMR}和π_C^{TMN}的大小即可得

到该命题，其中 $w(Y)$（简写为 $\hat{w}$）是 $Y(w) = \min\{\overline{Y}_2(r_2), \overline{Y}_3(r_3)\}$ 的反函数。

证毕。

图 6.2 直观展示了 $\alpha_1 = 0$ 情况下企业的合同选择策略。当企业的监控成本较小且 IT 供应商的谈判力较弱时，即命题 6.2（i），IT 供应商不受开发后激励效应的影响，企业通过开发前激励效应激励 IT 供应商付出高努力开发信息系统，从而促使再谈判产生间接风险规避效应以增加企业的期望利润。此时，监控与再谈判存在互补关系，企业的最优合同策略为时间材料合同与再谈判，如图 6.2 的区域 Ⅱ 所示。

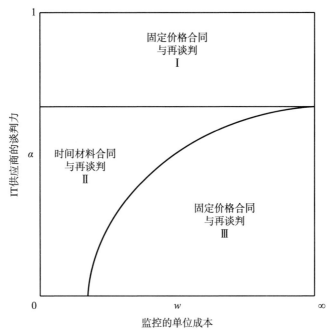

图 6.2　企业在有成本的监控和无成本的再谈判情形下的合同策略

注：$\alpha_1 = 0$。

当 IT 供应商的谈判力较强时，它会受到开发后激励效应的影响付出高努力开发信息系统，此时再谈判的开发后激励效应替代了监控的开发前激励效应，企业的最优合同策略为固定价格合同与再谈判，如图 6.2 区域 I 所示。当企业的监控成本较大且 IT 供应商的谈判力较弱时，间接风险规避效应无法促使开发前激励效应所产生的收益高于监控成本，因此企业仅通过直接风险规避效应来增加自身的期望利润，换言之，再谈判替代监控来增加企业的期望利润，如图 6.2 区域 III 所示。现实中，由于 IT 供应商 EDS 是通用汽车的子公司，因此通用汽车在信息技术服务外包领域拥有较强的谈判力（Barkholz，2010）；且由于较高的监控成本（Savitz，2013），通用汽车和 IT 供应商惠普（Hewlett‐Pack-ard）签订了一份固定价格合同并在四年后进行了再谈判（Barkholz，2010）。

特别地，由于 IT 供应商谈判力的阈值 α_1 会随着信息系统需求复杂度 Y 的增加而弱增加。当信息系统需求复杂度特别高时，存在区间 $0 \leqslant \alpha \leqslant \alpha_1$，开发前激励效应和开发后激励效应都无法激励 IT 供应商付出高努力开发信息系统。此时，企业仅通过再谈判产生的直接风险规避效应增加自身的期望利润，即企业的最优合同策略为固定价格合同与再谈判。

6.4.3　无成本的监控和有成本的再谈判

当企业与 IT 供应商进行再谈判需要承担成本 C_R 而监控不需要成本（$w=0$）时，比较引理 6.3 和引理 6.4，可以得到企业的最优合同策略，如命题 6.3 所示，其中 Y_9 是关于信息系统需求复杂度的阈值，RB^{FP} 和 RB^{TM} 分别是固定价格合同与时间材料合同中再谈判的收益。

命题 6.3：当监控成本为零（$w=0$）而再谈判成本为 C_R 时：

（i）当 $C_R < \min\{RB^{FP},\ RB^{TM}\}$ 时，（a）若 $\alpha_1 < \alpha < \alpha_2$，则企业选

择时间材料合同与再谈判，两种工具存在互补关系；（b）其他情况下，企业选择固定价格合同与再谈判，再谈判替代了监控。

（ii）当 $C_R \geqslant \min\{RB^{FP}, RB^{TM}\}$ 时，（a）若 $Y_3 \leqslant Y < Y_9$，则企业仅选择时间材料合同，监控替代了再谈判；（b）其他情况下，企业仅选择固定价格合同。

证明：当 $w = 0$ 时，比较 π_C^{FPR}、π_C^{FPN}、π_C^{TMR} 和 π_C^{TMN} 的大小即可得到该命题，其中 $Y_9 = \min\{\overline{Y}_1(s), \overline{Y}_1(r_4)\}$，$r^* = r_4$ 是 $w = 0$ 时方程 $\pi_C^{TMN}(e_H) - \pi_C^{TMN}(e_L) = 0$ 的唯一解。

证毕。

图 6.3 直观展示了企业在无成本的监控和有成本的再谈判情形下的合同策略。当再谈判成本较小时，即命题 6.3（i），企业总是会使用再谈判来应对系统开发的事后不确定性风险，此时企业是否使用监控取决于 IT 供应商谈判力的大小。若 IT 供应商的谈判力较弱，$\alpha_1 < \alpha < \alpha_2$（等价于信息系统需求复杂度 Y 适中，如图 6.3 区域 V 所示），则它不受开发后激励效应影响，企业需要通过开发前激励效应来促使再谈判产生间接风险规避效应。因此，监控与再谈判存在互补关系，企业的最优合同策略为时间材料合同与再谈判。若 IT 供应商的谈判力较强，$\alpha_2 \leqslant \alpha \leqslant 1$（等价于信息系统需求复杂度 Y 较低，如图 6.3 区域 IV 所示），则开发后激励效应使得 IT 供应商付出高努力开发信息系统，即再谈判替代了监控，因此企业的最优合同策略为固定价格合同与再谈判。特别地，若信息系统需求复杂度较高，如图 6.3 区域 VI 所示，则存在区间 $0 \leqslant \alpha \leqslant \alpha_1$，此时开发前激励效应和开发后激励效应都会失效，企业仅通过直接风险规避效应获得更高的期望利润。

当再谈判成本较大时，即命题 6.3（ii），企业使用再谈判的收益小于再谈判成本，因此它不会使用再谈判。此时，企业考虑是否使用监控来增加自身的期望利润。若信息系统需求复杂度 Y 适中，则监控的开发前激励效应可以替代再谈判的开发后激励效应激励 IT 供应商付出高努力开发信息系统，因此企业的最优合同策略为仅使用时间材料合同，如图6.3区域Ⅱ所示。若信息系统需求复杂度Y较低，则IT供应商会主动付出高努力开发信息系统，企业不需要使用监控进行激励，因此它的最优合同策略为仅使用固定价格合同，如图6.3区域Ⅰ所示。若信息系统需求复杂度Y较高，则IT供应商一定只付出低努力开发信息系统，开发前激励效应失效，因此企业的最优合同策略为仅使用固定价格合同，如图6.3区域Ⅲ所示。

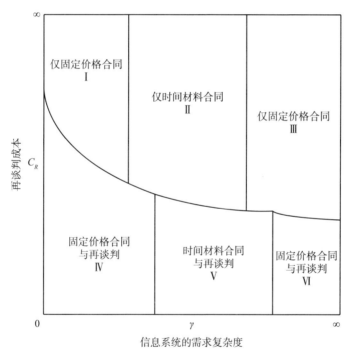

图6.3　企业在无成本的监控和有成本的再谈判情形下的合同策略

6.4.4　有成本的监控和有成本的再谈判

当监控水平ϕ产生成本$w\phi$且再谈判成本为C_R时，比较引理6.3

和引理 6.4，可以得到企业的最优合同策略，如命题 6.4 所示。

命题 6.4：当监控水平 ϕ 产生成本 $w\phi$ 而再谈判成本为 C_R 时：

（i）当 $C_R < \min\{RB^{FP}, RB^{TM}\}$ 时，若（a）$\alpha_1 < \alpha < \alpha_2$ 且 $0 < w < \hat{w}$，则企业选择时间材料合同与再谈判，两种工具存在互补关系；（b）其他情况下，企业选择固定价格合同与再谈判，再谈判替代了监控。

（ii）当 $C_R \geq \min\{RB^{FP}, RB^{TM}\}$ 时，（a）若 $Y_3 \leq Y < Y_6$，则企业仅选择时间材料合同，监控替代了再谈判；（b）其他情况下，企业仅选择固定价格合同。

证明：比较 π_C^{FPR}、π_C^{FPN}、π_C^{TMR} 和 π_C^{TMN} 的大小即可得到该命题。

证毕。

图 6.4 直观展示了需求复杂度满足 $Y_3 \leq Y < \min\{Y_7, Y_8\}$ 时，企业的最优合同策略。首先，当再谈判成本较小时，即命题 6.4（i），企业一定会使用再谈判来增加自身的期望利润。与命题 6.2 相似，由命题 6.4（i.a）可知，当监控成本较小且 IT 供应商的谈判力较弱时，监控和再谈判存在互补关系，企业的最优合同策略为时间材料合同与再谈判，如图 6.4 区域Ⅳ所示。其他情况下，即命题 6.4（i.b），再谈判会替代监控，企业的最优合同策略为固定价格合同与再谈判。图 6.4 区域Ⅲ中，开发后激励效应可以促使 IT 供应商付出高努力开发信息系统，因此企业不需要使用监控。图 6.4 区域Ⅴ中，间接风险规避效应无法促使开发前激励效应所产生的收益高于监控成本，因此企业仅通过直接风险规避效应来增加自身的期望利润。

其次，当再谈判成本较大时，$C_R \geq \min\{RB^{FP}, RB^{TM}\}$，企业不会使用再谈判。由命题 6.4（ii.a）可知，若开发前激励效应所产生的收益高于监控成本，则监控可以替代再谈判激励 IT 供应商付出高努力开发信息系统，此时企业的最优合同策略为仅使用时间材料合同，如图 6.4 区域Ⅰ所示。若监控成本高于其收益，即命题 6.4（ii.b），则企业既不使用再谈判也不使用监控，如图 6.4 区域Ⅱ所示。

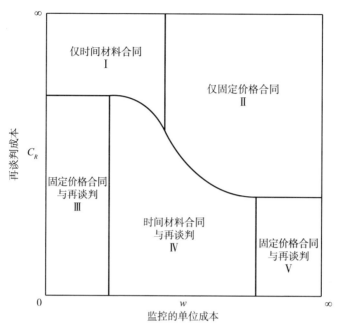

图6.4 企业在有成本的监控和有成本的再谈判情形下的合同策略

注：$Y_3 \leqslant Y < \min\{Y_7, Y_8\}$。

进一步分析发现，随着监控的单位成本降低，企业更倾向于同时使用监控和再谈判。原因在于，当监控成本降低时，企业使用监控以激励IT供应商付出高努力开发信息系统的概率会增大，因此再谈判更有可能产生间接风险规避效应来增加企业的期望利润。换言之，减少监控的单位成本可以增加监控与再谈判之间的互补性。现实中，美国国防部与SAP建立了长期的合作关系，降低了监控成本，这使得美国国防部在与SAP签订了时间材料合同后，乐意与之进行再谈判（Hoover，2016；Culclasure and Neff，2016）。

6.5 比较静态分析

本节将分析信息系统需求复杂度 Y、系统故障率 $B(c)$ 和信息系统

生命周期 T 对于 IT 供应商努力和企业期望利润的影响。

6.5.1 信息系统需求复杂度和系统故障率

不同企业对于信息系统的需求复杂度 Y 不同，且 IT 供应商开发信息系统能力 c 的不同导致了系统故障率 $B(c)$ 的多样化。本小节主要分析信息系统的需求复杂度和系统故障率对于 IT 供应商努力和企业期望利润的影响。

推论 6.1： 当信息系统需求复杂度 Y 或系统故障率 $B(c)$ 增加时，IT 供应商更倾向于付出低努力 e_L 开发信息系统。企业的期望利润随着信息系统需求复杂度 Y 或系统故障率 $B(c)$ 的增加而递减。

证明：由引理 6.4 和引理 6.5 可知，一方面，企业的期望利润会随着系统故障预测数量 $N_{CS}(e)$ 的增加而递减。又因为 $N_{CS}(e)$ 与 Y 或 $B(c)$ 负相关，因此企业的期望利润会随着 Y 或 $B(c)$ 的增加而递减。另一方面，随着 Y 或 $B(c)$ 增加，方程 $\pi_V^{FPR}(e_H) - \pi_V^{FPR}(e_L) = 0$、$\pi_V^{FPN}(e_H) - \pi_V^{FPN}(e_L) = 0$、$\pi_V^{TMR}(e_H) - \pi_V^{TMR}(e_L) = 0$ 和 $\pi_V^{TMN}(e_H) - \pi_V^{TMN}(e_L) = 0$ 的解的值会降低。换言之，Y 或 $B(c)$ 的增加会使得 IT 供应商付出低努力 e_L 的区间增大。

证毕。

由引理 6.4 和引理 6.5 可知，一方面，信息系统需求复杂度或系统故障率的增加会使得系统故障预测数量 $N_{CS}(e)$ 增加，从而导致固定价格合同与时间材料合同中事前系统调试时间延长。又因为系统调试时间与 IT 供应商的努力负相关，因此随着信息系统需求复杂度或系统故障率的增加，IT 供应商更倾向于付出低努力开发信息系统。另一方面，由于增加信息系统需求复杂度或系统故障率会降低 IT 供应商付出努力所增加的再谈判盈余，因此增加信息系统需求复杂度或系统故障率会削弱再谈判的开发后激励效应，进一步降低 IT 供应商付出高努力的动机。

由命题6.4可知，企业的期望利润会随着系统故障预测数量的增加而递减，因此增加信息系统需求复杂度或系统故障率会降低企业的期望利润。进一步，由推论6.1可知，当信息系统需求复杂度适中时，随着信息系统需求复杂度或系统故障率的增加，企业会更愿意仅使用固定价格合同进行信息技术服务外包，如图6.5所示。原因在于，由引理6.2可知，信息系统需求复杂度或系统故障率的增加会使得系统故障预测数量增加，进而削弱直接和间接风险规避效应，且间接风险规避效应会产生开发后激励效应并增强开发前激励效应。因此，信息系统需求复杂度或系统故障率的增加会减少监控和再谈判的收益，进而导致企业选择监控和再谈判的可能性降低。

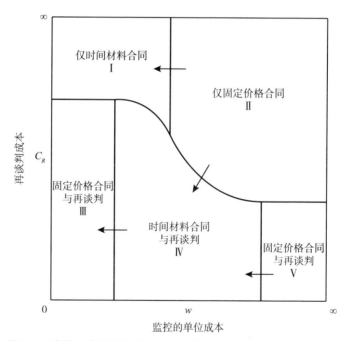

图6.5　信息系统需求复杂度和系统故障率对企业合同策略的影响

注：$Y_3 \leqslant Y < \min\{Y_7, Y_8\}$，"$\longleftarrow$"表示$Y$或$B(c)$增加使得区间移动的方向。

6.5.2 信息系统生命周期

定制化信息系统生命周期 T 在本模型中包括系统调试时间和系统维护（运行）时间，它在信息技术服务外包中发挥着重要作用（Ji et al.，2011；August and Niculescu，2013）。本小节主要分析信息系统生命周期对于企业和 IT 供应商决策的影响。

推论 6.2： 当信息系统生命周期 T 增加时，IT 供应商更倾向于付出高努力 e_H 开发信息系统。企业的期望利润随着信息系统生命周期 T 的增加而递增。

证明：由引理 6.4 和引理 6.5 可得，$\partial^2 \pi_V^{FPR}(e)/\partial e \partial T > 0$，$\partial^2 \pi_V^{FPN}(e)/\partial e \partial T > 0$，$\partial^2 \pi_V^{TMR}(e)/\partial e \partial T > 0$ 和 $\partial^2 \pi_V^{TMN}(e)/\partial e \partial T > 0$，即 IT 供应商的努力 e 与 T 正相关。进一步，IT 供应商努力的增加会降低系统故障预测数量 $N_{CS}(e)$，进而增加企业的期望利润。

证毕。

由推论 6.2 可知，增加信息系统生命周期可以激励 IT 供应商的努力。原因在于，更长的信息系统生命周期可能会使信息系统产生更多的故障，从而增加 IT 供应商在固定价格合同与时间材料合同中修补系统故障的成本。为了降低修补系统故障的成本，IT 供应商会更倾向于付出高努力开发信息系统以降低系统故障预测数量。同时，降低系统故障预测数量可以增加企业的期望利润。进一步，由推论 6.1 可知，当信息系统的需求复杂度适中时，随着信息系统生命周期的增加，企业会更愿意使用再谈判，如图 6.6 所示。原因在于，增加信息系统生命周期可以降低系统故障预测数量，进而增强直接和间接风险规避效应，同时间接风险规避效应可以增加开发前激励效应的收益。

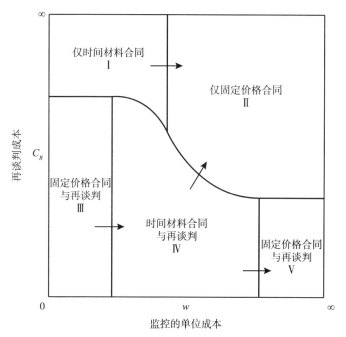

图 6.6　信息系统生命周期对企业合同策略的影响

注：$Y_3 \leqslant Y < \min\{Y_7, Y_8\}$，"——→"表示 T 增加使得区间移动的方向。

6.6　本 章 小 结

信息技术服务外包对全球经济的影响力正逐年增加，然而与此同时，它也给企业带来了许多新的挑战，其中尤为突出的是企业在设计信息技术服务外包合同时所需要面对的事中不可观测行为和事后不确定性风险。现实中，企业可以通过使用监控和再谈判来应对以上两种风险。监控通常被运用在时间材料合同当中，而再谈判可以被运用于固定价格合同与时间材料合同当中。对于监控和再谈判的使用以及相应的合同策略，管理实践和理论研究中存在各种各样不同的看法，并未达成共识。因此，本章构建了一个包含了监控和再谈判的信息技术服务外包模型，通过该模型我们可以分析监控与再谈判的互动关系，并为企业提供最优的信息技术服务外包合同策略。

研究发现，再谈判可以产生两个正效应从而增加企业的期望利润：直接和间接风险规避效应。直接风险规避效应由即使不使用再谈判 IT 供应商也会付出的努力产生，而间接风险规避效应由再谈判使得 IT 供应商多付出的努力产生。进一步地，一方面，间接风险规避效应可以激励 IT 供应商的努力，即具有开发后激励效应，它会随着 IT 供应商谈判力的增强而加强；另一方面，监控可以通过开发前激励效应激励 IT 供应商的努力。

当监控和再谈判成本均较小且 IT 供应商谈判力较弱时，企业通过开发前激励效应促使再谈判产生间接风险规避效应，从而增加自身的期望利润。此时，监控与再谈判存在互补关系，企业的最优合同策略为时间材料合同与再谈判。当监控和再谈判成本均较小且 IT 供应商谈判力较强时，开发后激励效应可以替代开发前激励效应促使再谈判产生间接风险规避效应，增加企业的期望利润。此时，再谈判可以替代监控，企业的最优合同策略为固定价格合同与再谈判。当监控成本较大而再谈判成本较小时，间接风险规避效应无法促使开发前激励效应所产生的收益高于监控成本。此时，监控与再谈判具有替代关系，企业仅通过直接风险规避效应来增加自身的期望利润，即选择固定价格合同与再谈判。

当再谈判成本较大时，企业不会使用再谈判。此时，若开发前激励效应所获得的收益高于监控成本，则开发前激励效应可以替代开发后激励效应，企业的最优合同策略为仅使用时间材料合同；反之，则企业既不使用监控也不使用再谈判，它的最优合同策略为仅使用固定价格合同。进一步，通过比较静态分析发现，当信息系统需求复杂度或系统故障率增加时，IT 供应商更倾向于付出低努力开发信息系统，企业的期望利润减少。当信息系统生命周期增加时，IT 供应商更倾向于付出高努力开发信息系统，企业的期望利润增加。

本章未来可以从以下几个方面继续进行深入研究：首先，由于本章主要研究是否应该使用再谈判而非如何使用再谈判，因此假设再谈判成本是一个外生变量。其次，可以针对再谈判成本为企业内生决策的情形，探讨内生性再谈判成本对于信息技术服务外包中企业和 IT 供应商决策的影响。再次，信息技术服务外包实践中，企业对于信息系统需求的复杂度往往是其决策变量，因此研究信息系统需求复杂度对于企业合同设计以及合同选择的影响对于信息技术服务外包实践具有重要意义。最后，信息技术服务外包实践中，交易双方可能因为其他的原因进行再谈判，如企业在系统开发过程中产生了新的需求或者 IT 供应商的成本发生了变化；另外，交易双方也有可能再谈判事前合同中的其他条款，如信息系统的功能模块或者 IT 供应商的服务范围。对于这些现实情况的探讨，不仅将丰富再谈判的理论研究，也能为企业的信息技术服务外包实践提供有价值的理论指导。

第7章

结论与展望

7.1 主 要 结 论

信息技术服务外包已经成为企业运营管理的重要组成部分，与标准化产品的采购相比，信息技术服务外包项目的执行周期更长，这使得企业在设计信息技术服务外包合同时面临更多的挑战。本书根据信息技术服务外包不同流程的特征，将企业面临的挑战归纳为以下三点：事前不对称信息、事中不可观测行为、事后不确定性风险。具体来说，事前信息不对称，指 IT 供应商具有关于自身服务能力的私有信息，且为了获得信息租金 IT 供应商往往不会主动向企业披露它的私有信息。事中不可观测行为，指 IT 供应商的服务努力具有不可观测性，企业很难直接通过合同条款对其进行明确的规定，且由于交易双方利益不一致，IT 供应商付出的努力通常与企业希望它所付出的努力存在差距。事后不确定性风险，指由于系统开发过程具有偶发性，计算机代码具有易变性，信息技术服务外包的个性化程度较高等特征，IT 供应商的信息技术服

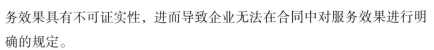

务效果具有不可证实性，进而导致企业无法在合同中对服务效果进行明确的规定。

既往管理实践和理论研究主要采用甄别合同、监控和再谈判来分别应对信息技术服务外包合同设计中存在的事前不对称信息、事中不可观测行为和事后不确定性风险，但是现有的理论研究缺乏对上述应对工具的深入分析，且部分研究结论与管理实践存在分歧。具体来说，首先，鲜有学者关注信息技术服务外包领域甄别合同的应用问题，特别地，系统调试时间和系统故障检出率等因素对于企业信息价值的研究几乎未见。其次，鲜有学者探讨监控对于企业选择时间材料合同与收益共享合同的影响，且既往研究认为相比于时间材料合同，收益共享合同能更好地解决 IT 供应商的道德风险问题，因此更推荐企业使用收益共享合同；然而管理实践中时间材料合同比收益共享合同使用得更为广泛。再次，既往研究大多强调再谈判是一种消极且昂贵的工具，但信息技术服务外包实践中绝大多数的企业都选择使用再谈判；在不存在再谈判的情形下，既往研究认为绩效合同比固定价格合同解决 IT 供应商道德风险问题的效果更好，但是管理实践中，固定价格合同比绩效合同使用得更为广泛。最后，既往研究大多认为监控可以有效预防 IT 供应商的事后机会主义，但是信息技术服务外包实践中，企业会主动选择同时使用监控和另一个事后机会主义工具——再谈判。综上，对于甄别合同、监控和再谈判三种工具的深入研究，并解释既往研究结论与管理实践存在分歧的原因，是具有重要理论和实践意义的研究课题。

因此，本书针对信息技术服务外包合同设计中存在事前不对称信息、事中不可观测行为和事后不确定性风险的情况，应用甄别合同、监控和再谈判三种工具并结合固定价格合同、时间材料合同、收益共享合同和绩效合同四种合同形式，深入探讨信息技术服务外包合同的设计与选择问题。本书的主要结论如下：

（1）IT 供应商具有系统开发能力的私有信息情形下的合同设计研究中，针对 IT 供应商具有开发信息系统能力的私有信息的情况，分别在对称和不对称信息下设计最优的绩效合同，从而探讨企业如何通过合同设计获取 IT 供应商私有信息并激励 IT 供应商努力的问题。研究发现，不对称信息下，企业可以通过设计最优绩效合同菜单来甄别不同能力的 IT 供应商，但是此时企业需要向高能力 IT 供应商支付信息租金。同时，企业可以通过设计最优绩效合同来规制高能力 IT 供应商系统开发过程中的努力行为；相比于信息对称的情况，不对称信息下低能力 IT 供应商会存在努力不足的现象。低能力 IT 供应商努力不足的现象会降低社会福利和企业的期望利润；企业向高能力 IT 供应商支付信息租金的行为也会减少企业的期望利润。增加系统调试时间或者选择系统故障检出率高的 IT 供应商，可以有效降低高能力 IT 供应商的信息租金，并缓解低能力 IT 供应商努力不足的现象，进而减少信息不对称给企业造成的利润损失。

（2）IT 供应商系统开发过程不可观测情形下考虑监控的合同设计

研究中，针对企业监控 IT 供应商系统开发过程以应对 IT 供应商道德风险的情形，分别在外生性和内生性监控水平下设计最优的时间材料合同与收益共享合同，从而探讨监控对于企业选择时间材料合同与收益共享合同的影响。研究发现，外生性监控水平情形下，相比于时间材料合同，IT 供应商在收益共享合同中会付出更多的努力开发信息系统，从而使得信息技术服务的总利润更高。但是企业在时间材料合同与收益共享合同中获得利润的份额取决于它在该合同中谈判力的大小，且时间材料合同中企业的谈判力大于收益共享合同中的。因此，若企业在收益共享合同中拥有较强的谈判力，则它在收益共享合同中获得的期望利润更高，因此选择收益共享合同；反之，则选择时间材料合同。内生性监控水平情形下，虽然收益共享合同使得信息技术服务的总利润更高，但是企业会选择时间材料合同。原因在于，收益共享合同使得 IT 供应商虚报努力的动机更强烈，为了防止 IT 供应商虚报努力，企业在收益共享合同中决策的监控水平更高，进而导致了更高的监控成本。该监控成本占优于收益共享合同通过激励 IT 供应商努力而为企业所增加的收益，最终使得企业在时间材料合同中获得的期望利润更高。

（3）IT 供应商系统故障数量不确定情形下考虑再谈判的合同设计研究中，针对企业可以在系统开发完成后与 IT 供应商再谈判系统调试时间这一现实背景，分别在存在与不存在再谈判情形下设计最优的固定价格合同与绩效合同，从而探讨再谈判对于企业合同选择以及企业期望利润、IT 供应商努力的影响。研究发现，不存在再谈判情形下，相比于固定价格合同，绩效合同可以通过规制 IT 供应商的事前系统调试时间来增加企业的期望利润，但是绩效合同的缔约成本更高。因此，当绩效合同的缔约成本较小时，企业选择绩效合同；反之，则选择固定价格合同。进一步，相比于不存在再谈判的情形，再谈判可以从两个方面增加企业的期望利润：一方面应对信息系统开发的不确定性风险（风险规避效应）；另一方面激励 IT 供应商开发信息系统所付出的努力（努力激励效应）。存在再谈判情形下，由于交易双方可以通过再谈判在事后调整系统调试时间，因此绩效合同无法再通过规制 IT 供应商事前系统调试时间来增加企业的期望利润。考虑到绩效合同的缔约成本高于固定价格合同，存在再谈判情形下，企业会选择固定价格合同。

（4）IT 供应商系统开发事中不可观测与事后不确定情形下的合同设计研究中，针对企业可以监控 IT 供应商的系统开发过程，并在系统开发完成后与 IT 供应商再谈判系统调试时间这一现实背景，分别在存在与不存在再谈判情形下设计最优的固定价格合同与时间材料合同，从而探讨监控与再谈判的互动关系以及企业的最优合同策略。研究发现，一方面，再谈判可以通过直接风险规避效应和间接风险规避效应来增加企业的期望利润，其中直接风险规避效应由即使不存在再谈判 IT 供应商也会付出的努力产生，间接风险规避效应由再谈判使得 IT 供应商多付出的努力产生。间接风险规避效应可以激励 IT 供应商的努力，使得再谈判具有开发后激励效应，且开发后激励效应会随着 IT 供应商谈判力的增强而加强。另一方面，监控可以通过开发前激励效应来激励 IT 供应商的努力。当再谈判成本较小时，若监控成本较小且 IT 供应商谈判力较弱，企业通过监控促使再谈判产生间接风险规避效应来增加自身的期望利润，此时监控与再谈判具有互补关系，企业的最优合同策略为时间材料合同与再谈判；其他情况下，再谈判会替代监控，企业的最优合同策略为固定价格合同与再谈判。当再谈判成本较大时，若开发前激励效应的收益高于监控成本，则监控会替代再谈判，企业的最优合同策略为仅使用时间材料合同；其他情况下，企业既不使用监控也不使用再谈判，它的最优合同策略为仅使用固定价格合同。进一步分析发现，增加信息系统需求复杂度或系统故障率会使得 IT 供应商更倾向于付出低努力开发信息系统并减少企业的期望利润；增加信息系统生命周期会使得 IT 供应商更倾向于付出高努力开发信息系统并增加企业的期望利润。

总体来看，本书研究思路循序渐进，首先分别考虑信息技术服务外包合同设计时所面临事前不对称信息、事中不可观测行为和事后不确定性风险的情形，接着同时考虑事中不可观测行为和事后不确定性风险的情形；研究对象由浅入深，从分别研究单一应对工具甄别合同、监控和再谈判，到同时综合运用监控与再谈判两种工具；从设计一种形式的最优合同，到同时设计两种形式的最优合同。可以说，本书极大地丰富了合同理论在信息技术服务外包领域的应用研究。

7.2　研究展望

本书针对信息技术服务外包合同设计中存在事前不对称信息、事中不可观测行为和事后不确定性风险的情形，应用甄别合同、监控和再谈判三种工具并结合固定价格合同、时间材料合同、收益共享合同和绩效合同四种合同形式，深入探讨了信息技术服务外包合同的设计与选择问题，并得到了一些对理论研究和管理实践都具有价值的结论。然而本书所做的工作只是信息技术服务外包合同研究的冰山一角，未来的研究工作还可以从以下几个方面进行拓展：

（1）关于双边努力。本书所有研究均假设信息系统的开发过程中仅需要 IT 供应商付出努力。现实中，信息技术服务外包的质量往往取决于企业与 IT 供应商的共同努力，即存在双边道德风险。存在双边道德风险的情形下，企业和 IT 供应商都有可能产生努力不足的现象，即搭便车效应（free-rider effect），从而损害交易双方的利益。那么，考虑到双边道德风险以及信息技术服务外包所具有的事前不对称信息、事中不可观测行为和事后不确定性风险，企业该如何设计相应的最优合同来规制 IT 供应商的努力，以及如何决策自身的努力从而获得最大的利润？对于这些问题的探讨，将进一步完善本书的研究，丰富信息技术服务外包合同的理论成果。

（2）关于多维度的不对称信息。本书所有研究均假设 IT 供应商具有某一类私有信息。现实中的信息技术服务外包环境往往更为复杂，IT 供应商可能拥有多个维度的私有信息，例如，IT 供应商同时具体系统开发、调试和维护三种能力的私有信息。对于 IT 供应商多维度不对称信息的研究，将进一步丰富信息技术服务外包领域的理论成果。特别地，信息技术服务外包中，企业也可能具有私有信息。针对企业具有私有信息的情况，它应该如何设计一份信号合同（signaling contract）来获取更大的利润？因此，本书可以进一步拓展到信号博弈（signaling game）（不完全信息动态博弈）的研究当中。

（3）关于多个 IT 供应商。本书所有研究均假设市场上仅存在一个 IT 供应商。现实中，市场上往往存在多个 IT 供应商，企业在进行信息技术服务外包之前，首先需要遴选 IT 供应商。因此，本书可以拓展到对于信息技术服务外包采购拍卖（procurement auction）机制的研究当中。特别地，若企业拍卖的是一份信息技术服务外包合同，考虑到接下来 IT 供应商的投标行为，企业该如何设计相应的采购拍卖机制以及信息技术服务外包合同，又该如何使用诸如监控或再谈判等工具？对于信息技术服务外包拍卖机制的研究，将极大地丰富信息技术服务外包领域的理论成果。

（4）关于多源采购。本书所有研究均假设企业向一个 IT 供应商外包信息技术服务。现实中，由于信息技术服务的复杂性，企业往往将信息技术服务同时外包给多个 IT 供应商，各个 IT 供应商之间需要相互协调工作。例如，凯捷（Capgemini）、埃森哲和富士通（Fujitsu）等多个 IT 供应商同时向英国海关税务总署提供信息技术服务。那么针对同时向多个 IT 供应商外包信息技术服务的情况，企业该如何设计相应的合同以获取 IT 供应商的私有信息、规制 IT 供应商的努力行为、应对信息技术服务的不确定性风险？特别地，企业该如何通过合同设计来协调不同 IT 供应商？对于这些问题的探讨，可以将本书进一步拓展到竞合理论（co-opetition theory）的研究当中。

参 考 文 献

［1］陈晓红，余章美，李金霖，冯杰. 不对称信息下企业污染治理外包的契约设计［J］. 系统工程理论与实践，2020，40（2）：273－283.

［2］程平，陈艳. 考虑合作创新产品市场的 IT 研发外包合同［J］. 系统工程理论与实践，2012，32（6）：1261－1269.

［3］金亮. 不对称信息下"农超对接"供应链定价及合同设计［J］. 中国管理科学，2018，26（6）：153－166.

［4］柯素芳.2019 年中国服务外包行业发展现状及市场趋势分析——规模持续创历史新高［EB/OL］. 前瞻经济学人，（2019－07－25）［2024－08－14］，https：//www. qianzhan. com/analyst/detail/220/190724－982d9043. html.

［5］工业和信息化部.2017 年软件业经济运行情况［EB/OL］. 中华人民共和国工业和信息化部官网，（2018－01－26）［2024－08－22］，https：//wap. miit. gov. cn/gxsj/tjfx/rjy/art/2020/art_d7a3a70cac0c4f24a7e40159c33d8e5b. html.

［6］顾建强，梅姝娥，仲伟俊. 信息安全外包激励契约设计［J］. 系统工程理论与实践，2016，36（2）：392－399.

［7］郭焱，张世英，郭彬，冷永刚. 战略联盟契约风险对策研究［J］. 中国管理科学，2004（4）：106－111.

［8］黄河，申笑宇，徐鸿雁. 考虑供应商流程改进的采购合同设计［J］. 管理科学学报，2015，18（10）：38－55.

［9］李小卯.信息技术外包套牢问题的研究［J］.系统工程理论与实践，2002（3）：26-31+113.

［10］刘克宁，宋华明.不对称信息下创新产品研发外包的甄别契约设计［J］.中国管理科学，2014，22（10）：52-58.

［11］陆阳，王强，岳峰，邱述威.软件可靠性关键参数判定的矩估计方法［J］.系统工程理论与实践，2014，34（1）：248-255.

［12］马敏书，张仲义，吕永波.层次型软件系统可靠性模型及预测［J］.中国软科学，2003（6）：147-150.

［13］商务部新闻办公室.商务部服贸司负责人谈2021年1-8月我国服务外包发展情况［EB/OL］.中华人民共和国商务部官网，（2021-09-16）［2024-08-14］，http：//www.mofcom.gov.cn/article/news/202109/20210903199578.shtml.

［14］申笑宇，黄河，徐鸿雁.制造商流程改进与采购合同联合优化［J］.中国管理科学，2015，23（5）：161-167.

［15］谭涵文.波音737MAX软件被曝分包给印度大学毕业生时薪仅9美元［EB/OL］.人民日报（2019-07-02）［2024-08-22］，https：//www.peopleapp.com/column/30036681614-500001725126.

［16］石晓军，张顺明，Hiroshi Tsuji.嵌入期权的激励相容型软件外包付款合同设计［J］.系统工程理论与实践，2013，33（11）：2822-2830.

［17］石晓军，张顺明，Hiroshi Tsuji.软件外包的两阶段付款合同设计：考虑双边期权价值的纳什谈判方法与实证［J］.管理科学学报，2015，18（7）：1-12.

［18］唐国锋，但斌，宋寒.多任务道德风险下应用服务外包激励机制研究［J］.系统工程理论与实践，2013，33（5）：1175-1184.

［19］王强，陆阳，方欢，朱晓玲.基于结构分析的复杂软件可靠性评估方法［J］.系统工程学报，2013，28（2）：271-284.

［20］解慧慧，廖貅武，陈刚.引入保险机制的IT外包合同设计及

分析 [J]. 系统工程学报, 2012, 27 (3): 302 – 310.

[21] 徐鸿雁, 黄河, 陈剑. 针对不同类型销售商的长期激励合同设计研究 [J]. 中国管理科学, 2012, 20 (6): 118 – 124.

[22] 杨剑锋, 胡文生. 考虑用户行为和排错延迟的多版本软件可靠性增长模型 [J]. 系统工程理论与实践, 2020, 40 (1): 262 – 272.

[23] 杨娟, 杨丹, 李博. 基于随机集证据推理的构件软件体系可靠性模型 [J]. 系统工程理论与实践, 2011, 31 (6): 1095 – 1102.

[24] 杨亚, 范体军, 张磊. 新鲜度信息不对称下生鲜农产品供应链协调 [J]. 中国管理科学, 2016, 24 (9): 147 – 155.

[25] 张旭梅, 任廷海, 周茂森, 但斌. 不完全信息下多阶段移动应用产品与服务合作的可更新契约 [J]. 中国管理科学, 2018, 26 (2): 126 – 141.

[26] 张永强, 刘彦瑞. 基于未确知集的软件可靠性模型选择研究 [J]. 系统工程理论与实践, 2006 (8): 91 – 94 + 100.

[27] 张煜, 汪寿阳. 对称信息下供应商安全状态监控策略分析 [J]. 管理科学学报, 2011, 14 (5): 11 – 18 + 42.

[28] 张宗明, 廖貅武, 刘树林. 需求不确定性下 IT 服务外包合同设计与分析 [J]. 管理科学学报, 2013, 16 (2): 46 – 59.

[29] Aberdeen Group. The Business Value of IT Outsourcing Benchmark Report [EB/OL]. (2006 – 06) [2024 – 08 – 14], https://callcenterinfo. tmcnet. com/research/aberdeen – it – outsourcing. pdf.

[30] Akan M, Ata B, Lariviere M A. Asymmetric information and economies of scale in service contracting [J]. Manufacturing & Service Operations Management, 2011, 13 (1): 58 – 72.

[31] Anand K S, Goyal M. Ethics, bounded rationality, and IP sharing in IT outsourcing [J]. Management Science, 2019, 65 (11): 5252 – 5267.

[32] Anderson S W, Dekker H C. Management control for market

transactions: The relation between transaction characteristics, incomplete contract design, and subsequent performance [J]. Management Science, 2005, 51 (12): 1734 – 1752.

[33] Arora A, Caulkins J P, Telang R. , Research note – Sell first, fix later: Impact of patching on software quality [J]. Managment Science, 2006, 52 (3): 465 – 471.

[34] Auditor General. An audit of the Panorama public health system [R/OL]. (2015 – 08) [2024 – 08 – 14], https://www. bcauditor. com/sites/default/files/publications/reports/OAGBC _ PanoramaReport _ FINAL. pdf.

[35] August T, Niculescu M F. The influence of software process maturity and customer error reporting on software release and pricing [J]. Management Science, 2013, 59 (12): 2702 – 2726.

[36] Avison D, Torkzadeh G. Information systems projects management [M]. SAGE Publications, Inc, 2008.

[37] Bajari P, Tadelis S. Incentives versus transaction costs: A theory of procurement contracts [J]. Rand Journal of Economics, 2001, 32 (3): 387 – 407.

[38] Barkholz D. HP contract opens new round of IT outsourcing at GM [R/OL]. Automotive News, (2010 – 07 – 26) [2024 – 08 – 14], https:// www. autonews. com/article/20100726/OEM01/307269953/hp – contract – opens – new – round – of – it – outsourcing – at – gm.

[39] Beer R, Qi A. 2018. Monitoring or disclosure? The role of observability in collaborative projects [J]. Working Paper, Available at SSRN, 2018.

[40] Benaroch M, Dai Q, Kauffman R J. Should we go our own way? Backsourcing flexibility in IT services contracts [J]. Journal of Management Information Systems, 2010, 26 (4): 317 – 358.

［41］ Benaroch M, Lichtenstein Y, Fink L. Contract design choices and the balance of ex-ante and ex-post transaction costs in software development outsourcing［J］. MIS Quarterly, 2016, 40（1）: 57 –82.

［42］ Beroe. IT services outsourcing market intelligence［EB/OL］. Beroe,［2024 –08 –14］, https: //www. beroeinc. com/ category – intelligence/it – services – outsourcing – market/.

［43］ Bhattacharya S, Gupta A, Hasija S. Joint product improvement by client and customer support［J］. Information Systems Research, 2014, 25（1）: 137 –151.

［44］ Bhattacharya S, Gaba V, Hasija S. A comparison of milestone-based and buyout options contracts for coordinating R&D partnerships［J］. Management Science, 2015, 61（5）: 963 –978.

［45］ Bhattacharya S, Gupta A, Hasija S. Single-sourcing versus multi-sourcing: The roles of output verifiability on task modularity［J］. MIS Quarterly, 2018, 42（4）: 1171 –1186.

［46］ Blackburn J, Scudder G, Van Wassenhove L N. Concurrent software development［J］. Communications of the ACM, 2000, 43（11）: 200 –214.

［47］ Bolandifar E, Feng T, Zhang F. Simple contracts to assure supply under noncontractible capacity and asymmetric cost information［J］. Manufacturing & Service Operations Management, 2018, 20（2）: 217 – 231.

［48］ Bolton P, Dewatripont M. Contract Theory［M］. Massachusetts: MIT Press, 2005.

［49］ Cachon G P. Supply chain coordination with contracts［A］. Graves S C, de Kok A G. Handbooks in operations research and management science［M］. Elseiver, Amsterdam, 2003: 227 –339.

［50］ Çakanyıldırım M, Feng Q, Gan X, Sethi S P. Contracting and coordination under asymmetric production cost information [J]. Production and Operations Management, 2012, 21 (2): 345 –360.

[51] Cezar A, Cavusoglu H, Raghunathan S. Outsourcing information security: Contracting issues and security implications [J]. Management Science, 2014, 60 (3): 638 –657.

[52] Chang Y B, Gurbaxani V. Information technology outsourcing, knowledge transfer, and firm productivity: An empirical analysis [J]. MIS Quarterly, 2012, 36 (4): 1043 –1063.

[53] Chang Y B, Gurbaxani V, Ravindran K. Information technology outsourcing: Asset transfer and the role of contract [J]. MIS Quarterly, 2017, 41 (3): 959 –973.

[54] Che Y K, Hausch D B. Cooperative investments and the value of contracting [J]. American Economic Review, 1999, 89 (1): 125 –147.

[55] Chen Y, Bharadwaj A. An empirical analysis of contract structures in IT outsourcing [J]. Information Systems Research, 2009, 20 (4): 484 –506.

[56] Cho W, Subramanyam R, Xia M. Vendor's incentive to invest in software quality in enterprise systems [J]. Decision Support Systems, 2013, 56: 27 –36.

[57] Culclasure D, Neff T. Better to best [EB/OL]. Army Al&t, (2016 –04) [2024 –08 –14], https://api. army. mil/e2/c/downloads/430914. pdf.

[58] Crama P, De Reyck B, Degraeve Z. Milestone payments or royalties? Contract design for R&D licensing [J]. Operations Research, 2008, 56 (6): 1539 –1552.

[59] Deloitte. Deloitte's 2016 Global Outsourcing Survey [EB/OL]. (2016 –05) [2024 –08 –22], https://www2. deloitte. com/content/dam/Deloitte/nl/Documents/operations/deloitte –nl –s&o –global –out-

sourcing – survey. pdf.

［60］Dermdaly. The problem with "revenue share" ［EB/OL］. Tapa-doo，［2024 – 08 – 14］，https：//tapadoo. com/the – problem – with – reve-nue – share/.

［61］Dey D，Fan M，Zhang C L. Design and analysis of contracts for software outsourcing ［J］. Information Systems Research，2010，21 （1）：93 – 114.

［62］Dolfing H. 2019. Case study 9：The payroll system that cost Queensland Health AU $1. 25 billion ［EB/OL］. （2019 – 12 – 15）［2024 – 08 – 22］，https：//www. henricodolfing. com/2019/12/project – failure – case – study – queensland – health. html.

［63］Duflo E，Hanna R，Ryan S P. Incentive work：Getting teachers to come to school ［J］. American Economic Review，2012，102 （4）：1241 – 1278.

［64］Ehrlich W，Prasanna B，Stampfel J，Wu J. Determining the cost of a stop-test decision ［J］. IEEE Software，1993 （2）：33 – 42.

［65］Evenstad L. Scottish police's i6 project failed due to loss of trust and disagreements，auditor finds ［EB/OL］. （2017 – 03 – 09）［2024 – 08 – 22］，Computer Weekly，https：//www. computerweekly. com/news/450414579/Scottish – polices – i6 – project – failed – due – to – loss – of – trust – and – disagreements – auditor – finds.

［66］Falk A，Kosfeld M. The hidden costs of control ［J］. American Economic Review，2006，96 （5）：1611 – 1630.

［67］Fedorychak V. IT outsourcing industry statistics：Market size，trends and forecasts for 2022 and beyond ［EB/OL］. （2017 – 06 – 10）［2024 – 08 – 22］，Lvivity，https：//lvivity. com/it – outsourcing – industry – statistics.

［68］Fitoussi D，Gurbaxani V. IT outsourcing contracts and perform-

ance measurement ［J］. Information Systems Research, 2012, 23 (1):
129 – 143.

［69］ Frey B S. Does monitoring increase work effort? The rivalry with
trust and loyalty ［J］. Economic Inquiry, 1993, 31 (4): 663 – 670.

［70］ Gan X, Feng Q, Sethi S P. Sourcing contract under countervai-
ling incentives ［J］. Production and Operations Management, 2019, 28
(10): 2486 – 2499.

［71］ Gao L. Long-term contracting: The role of private information in
dynamic supply risk management ［J］. Production and Operations Manage-
ment, 2015, 24 (10): 1570 – 1579.

［72］ Gao L, Mishra B K. The role of market evolution in channel con-
tracting ［J］. Management Science, 2019, 65 (5): 2432 – 2441.

［73］ Gefen D, Wyss S, Lichtenstein Y. Business familiarity as risk
mitigation in software development outsourcing contracts ［J］. MIS Quarterly,
2008, 32 (3): 531 – 551.

［74］ Ghoshal A, Lahiri A, Dey D. Drawing a line in the sand: Com-
mitment problem in ending software support ［J］. MIS Quarterly, 2017, 41
(4): 1227 – 1247.

［75］ Globalluxsoft. Time and materials vs. fixed price contracts ［EB/
OL］. (2017 – 11 – 01) ［2024 – 08 – 22］, Medium, https://medi-
um. com/globalluxsoft/time – and – materials – vs – fixed – price – contracts –
32f8edce0c91.

［76］ Goel A L, Okumoto K. Time-dependent error-detection rate model
for software reliability and other performance measures ［J］. IEEE Transac-
tions on Reliability, 1979, R – 28 (3): 206 – 211.

［77］ Gopal A, Sivaramakrishnan K, Krishnan M S, Mukhopadhyay
T. Contracts in offshore software development: An empirical analysis ［J］.
Management Science, 2003, 49 (12): 1671 – 1683.

[78] Gopal A, Sivaramakrishnan K. On vendor preferences for contract types in offshore software projects: The case of fixed price vs. time and materials contracts [J]. Information Systems Research, 2008, 19 (2): 202 – 220.

[79] Gopal A, Koka B R. The role of contracts on quality and returns to quality in offshore software development outsourcing [J]. Decision Science, 2010, 41 (3): 491 – 516.

[80] Gopal A, Espinosa J A, Gosain S, Darcy D P. Coordination and performance in global software service delivery: The vendor's perspective [J]. IEEE Transactions on Engineering Management, 2011, 58 (4): 772 – 785.

[81] Gupta K. Software development in 2022: Statistics you need to know [EB/OL]. (2021 – 06 – 02) [2024 – 08 – 22], https://www.classicinformatics.com/blog/software – development – statistics.

[82] Gurbaxani V. Information systems outsourcing contracts: Theory and evidence [A]. In U. Apte, U. Karmarkar (Eds.). Managing in the information economy: Current research issues [M]. New York: Springer Science & Business Media, 2021: 83 – 115.

[83] Han K, Kauffman R J, Nault B R. Research note—Returns to information technology outsourcing [J]. Information Systems Research, 2011, 22 (4): 824 – 840.

[84] Hanafizadeh P, Zareravasan A. A systematic literature review on IT outsourcing decision and future research directions [J]. Journal of Global Information Management, 2020, 28 (2): 1 – 42.

[85] Harris D. Quantum computing research carries on at Google and NASA [R/OL]. (2015 – 09 – 28) [2024 – 08 – 22], Fortune, https://fortune.com/2015/09/28/google – nasa – quantum – computer/.

[86] Hart O D, Tirole J. Contract renegotiation and Coasian dynamics

[J]. The Review of Economic Studies, 1988, 55 (4): 509 – 540.

[87] Hlova M. The top 7 IT outsourcing trends that will rule in 2019 [EB/OL]. (2019 – 03 – 31) [2024 – 08 – 22], https: //www. n – ix. com/top – 7 – it – outsourcing – trends – 2019/.

[88] Hoover M. SAP wins $17.5 million Army contract to support ERP, financial programs [R/OL]. (2016 – 03 – 22) [2024 – 08 – 22], https: //www. washingtontechnology. com/2016/03/sap – wins – 175m – army – contract – to – support – erp – financial – programs/322566/.

[89] Hu Q, Plant R T, Hertz D B. Software cost estimation using economic production models [J]. Journal of Management Information Systems, 1988, 15 (1): 143 – 163.

[90] Hui K L, Ke P F, Yao Y, Yue W T. Bilateral liability-based contracts in information security outsourcing [J]. Information Systems Research, 2019, 30 (2): 411 – 429.

[91] Jain R P, Poston R S, Simon J C. An empirical investigation of client managers' responsibilities in managing offshore outsourcing of software-testing projects [J]. IEEE Transactions on Engineering Management, 2011, 58 (4): 743 – 757.

[92] Jain T, Hazra J. Vendor's strategic investments under IT outsourcing competition [J]. Service Science, 2019, 11 (1): 16 – 39.

[93] James S. 7 Reasons why you should renegotiate your outsourcing relationship [EB/OL]. (2017 – 09 – 12) [2024 – 08 – 22], https: // www. bestpracticegroup. com/renegotiate – outsourcing – relationship/.

[94] Jaworski B, Grela M. The 4 most popular types of outsourcing contracts [EB/OL]. (2020 – 06 – 17) [2024 – 08 – 22], Future Processing, https: //www. future – processing. com/blog/the – 3 – most – popular – types – of – outsourcing – contracts/.

[95] Ji Y, Mookerjee V S, Sethi S P. Optimal software development:

A control theoretic approach [J]. Information Systems Research, 2005, 16 (3): 292 – 306.

[96] Ji Y, Kumar S, Mookerjee V S, Yeh D. Optimal enhancement and lifetime of software systems: A control theoretic analysis [J]. Production and Operations Management, 2011, 20 (6): 889 – 904.

[97] Jiang Z, Sarkar S, Jacob V S. Post-release testing and software release policy for enterprise-level systems [J]. Information Systems Research, 2012, 23 (3 – part – 1): 635 – 657.

[98] Jiang Z, Scheibe K P, Nilakanta S, Qu X. The economics of public beta testing [J]. Decision Science, 2017, 48 (1): 150 – 175.

[99] Kannan K, Rahman M S, Tawarmalani M. Economic and policy implications of restricted patch distribution [J]. Management Science, 2016, 62 (11): 3161 – 3182.

[100] Keil M, Rail A, Mann J E C, Zhang G P. Why software projects escalate: The importance of project management constructs [J]. IEEE Transactions on Engineering Management, 2003, 50 (3): 251 – 261.

[101] Khan S U, Niazi M, Ahmad R. Barriers in the selection of offshore software development outsourcing vendors: An exploratory study using a systematic literature review [J]. Information and Software Technology, 2011a, 53 (7): 693 – 706.

[102] Khan S U, Niazi M, Ahmad R. Factors influencing clients in the selection of offshore software outsourcing vendors: An exploratory study using a systematic literature review [J]. Journal of Systems and Software, 2011b, 84 (4): 686 – 699.

[103] Knapp A. NASA and Google partner to work with a D – Wave quantum computer [R/OL]. (2013 – 05 – 17) [2024 – 08 – 22], Forbes, https: //www. forbes. com/sites/alexknapp/2013/05/16/nasa – and – google – partner – to – purchase – a – d – wave – quantum – computer/? sh =

12666ee567da.

[104] Knoll L, Pluszczewska B. Time and materials vs fixed fee – Detailed comparison [EB/OL]. (2024 – 06 – 07) [2024 – 08 – 22], https: //brainhub. eu/library/time – and – materials – vs – fixed – price.

[105] Kong G, Rajagopalan S, Zhang H. Revenue sharing and information leakage in a supply chain [J]. Management Science, 2013, 59 (3): 556 – 572.

[106] Korotya E. Time – and – materials vs fixed price: Which to choose for your project? [EB/OL]. (2017 – 02 – 01) [2024 – 08 – 22], Medium, https: //medium. com/@ Eugeniya/time – and – materials – vs – fixed – price – which – to – choose – for – your – project – 11dc6adc758b.

[107] KPMG. Global IT – BPO outsourcing deals analysis: Annual analysis for 2017 [R/OL]. (2018 – 05) [2024 – 08 – 22], https: //assets. kpmg. com/content/dam/kpmg/in/pdf/2018/05/KPMG – Deal – Tracker – 2017. pdf.

[108] Krishnan M S, Mukhopadhyay T, Kriebel C H. A decision model for software maintenance [J]. Information Systems Research, 2004, 15 (4): 396 –412.

[109] Kumar V, Gordon B R, Srinivasan K. Competitive strategy for Open Source Software [J]. Marketing Science, 2011, 30 (6): 1066 – 1078.

[110] Lacity M C, Khan S, Yan A, Willcocks L P. 2010. A review of the IT outsourcing empirical literature and future research directions [J]. Journal of Information Technology, 2010 (25): 395 –433.

[111] Laffont J J, Tirole J. Adverse selection and renegotiation in procurement [J]. The Review of Economic Studies, 1990, 57 (4): 597 – 625.

[112] Lee C H, Geng X J, Raghunathan S. Contract information secu-

rity in the presence of double moral hazard [J]. Information Systems Research, 2013, 24 (2): 295 – 311.

[113] Li Z, Ryan J K, Shao L, Sun D. Supply contract design for competing heterogeneous suppliers under asymmetric information [J]. Production and Operations Management, 2015, 24 (5): 791 – 807.

[114] Li S, Cheng H K, Duan Y, Yang Y C. A study of enterprise software licensing models [J]. Journal of Management Information Systems, 2017, 34 (1): 177 – 205.

[115] Liang C, Hong Y, Gu B. Effects of IT-enabled monitoring systems in online labor markets [A]. Proceedings of International Conference on Information Systems [C]. Dublin, 2016a.

[116] Liang H, Wang J J, Xue Y, Cui X. IT outsourcing research from 1992 to 2013: A literature review based on main path analysis [J]. Information & Management, 2016b, 53 (2): 227 – 251.

[117] Lichtenstein Y. Puzzles in software development contracting [J]. Communications of the ACM, 2004, 47 (2): 61 – 65.

[118] Loughry M L, Tosi H L. Performance implications of peer monitoring [J]. Organization Science, 2013, 19 (6): 876 – 890.

[119] Magenest J S C. Top 5 examples of outsourcing failures [EB/OL]. (2021 – 08 – 28) [2024 – 08 – 22], Medium, https://magenestjsc. medium. com/top – 5 – examples – of – outsourcing – failures – cb58160ddbdf.

[120] Maskin E, Moore J. Implementation and renegotiation [J]. Review of Economic Studies, 1999, 66 (1): 39 – 56.

[121] Mathur N. Vodafone India renews IT deal with IBM for five years [EB/OL]. (2016 – 08 – 10) [2024 – 08 – 22], https://www. livemint. com/Industry/uxvj1Tn5sK5zT9kG7QggdO/Vodafone – India – signs – IT – deal – with – IBM – for – five – years. html.

[122] Marketwired. D-wave 2000Q system to be installed at Quantum

Artificial Intelligence Lab run by Google, NASA, and Universities Space Research Association [EB/OL]. (2017 – 03 – 13) [2024 – 08 – 22], Yahoo Finance, https://finance. yahoo. com/news/d – wave – 2000q – system – installed – 130000243. html.

[123] McLean, J. Behind the backlog: The problem-plagued rollout of Kansas' Medicaid Enrollment System [EB/OL]. (2016 – 04 – 12) [2024 – 08 – 22], KCUR, https://www. kcur. org/health/2016 – 04 – 12/behind – the – backlog – the – problem – plagued – rollout – of – kansas – medicaid – enrollment – system#stream/0.

[124] McPeak A. What's the true cost of a software bug? [EB/OL]. (2017 – 08 – 08) [2024 – 08 – 22], https://smartbear. com/blog/software – bug – cost/.

[125] Moreno H. How IT service management delivers value to the digital enterprise [N]. Forbes, 2017: 3 – 16.

[126] Myerson R B. Incentive compatibility and the bargaining problem [J]. Econometrica, 1979, 47 (1): 61 – 74.

[127] Nayab N. A comprehensive guide to the project monitor and control process [EB/OL]. (2011 – 09 – 26) [2024 – 08 – 22], https://www. brighthubpm. com/monitoring – projects/124945 – collection – of – guides – and – tips – to – improve – the – project – monitoring – process/.

[128] Nikoofal M E, Gümüş M. Quality at the source or at the end? Managing supplier quality under information asymmetry [J]. Manufacturing & Service Operations Management, 2018, 20 (3): 498 – 516.

[129] Nikoofal M E, Gümüş M. Supply diagnostic incentives under endogenous information asymmetry [J]. Production and Operations Management, 2019, 28 (3): 588 – 609.

[130] Ohba M. Inflection S-shaped software reliability growth model [A]. In S. Osaki, Y. Hatoyama (Eds.). Stochastic models in reliability theo-

ry [M]. Berlin: Springer, 1984: 144 – 162.

[131] Okumoto K. A statistical method for software quality control [J]. IEEE Transactions on Software Engineering, 1985, SE – 11: 1424 – 1430.

[132] Onita C, Dhaliwal J. Alignment within the corporate IT unit: An analysis of software testing and development [J]. European Journal of Information Systems, 2011, 20 (1): 48 – 68.

[133] Organization of American States General Secretariat. GS/OAS software outsourcing policy [R/OL]. (2016 – 12 – 12) [2024 – 08 – 22], http: //www. oas. org/legal/english/admmem/admmem118Rev1. pdf.

[134] Parker G, Van Alstyne M. Innovation, openness, and platform control [J]. Management Science, 2018, 64 (7): 3015 – 3032.

[135] Pham H, Zhang X. Software release policies with gain in reliability justifying the costs [J]. Annals of Software Engineering, 1999, 8 (1): 147 – 166.

[136] Pierce L, Snow D C, McAfee A. Cleaning house: The impact of information technology monitoring on employee theft and productivity [J]. Management Science, 2015, 61 (10): 2299 – 2319.

[137] ReportLinker. Global IT outsourcing market 2020 – 2024 [R/OL]. (2020 – 03 – 31) [2024 – 08 – 22], https: //www. reportlinker. com/p02673147/Global – IT – Outsourcing – Market – in – Capital – Markets. html.

[138] Richmond W B, Seidmann A, Whinston A B. Incomplete contracting issues in infomation systems development outsourcing [J]. Decision Support Systems, 1992, 8 (5): 459 – 477.

[139] Roels G, Karmarkar U S, Carr S. Contracting for collaborative services [J]. Management Science, 2010, 60 (3): 638 – 657.

[140] Roth A. Axiomatic models of bargaining [M]. Berlin: Springer – Verlag, 1979.

[141] Savitz E. Why some U. S. companies are giving up on outsourcing [R/OL]. (2013 – 01 – 17) [2024 – 08 – 22], Forbes, https：//www. forbes. com/sites/ciocentral/2013/01/16/why – some – u – s – companies – are – giving – up – on – outsourcing/?sh = 1af9592065af.

[142] Schneider S, Sunyaev A. Determinant factors of cloud-sourcing decisions：Reflecting on the IT outsourcing literature in the era of cloud computing [J]. Journal of Information Technology, 2016 (31)：1 – 31.

[143] Shao L, Wu X, Zhang F. Sourcing competition under cost uncertainty and information asymmetry [J]. Production and Operations Management, 2020, 29 (2)：447 – 461.

[144] Shared Services and Outsourcing Network. Ten top tips for a smooth contract renegotiation process [EB/OL]. (2023 – 08 – 24) [2024 – 08 – 22], https：//www. ssonetwork. com/business – process – outsourcing/ articles/top – ten – tips – for – a – smooth – contract – renegotiation.

[145] Srivastava S C, Teo T S H. Contract performance in offshore systems development：Role of control mechanisms [J]. Journal of Management Information Systems, 2012, 29 (1)：115 – 158.

[146] Sudhakar. Shifting from traditional contracts to performance-based contracts：enhancing procurement effectiveness [EB/OL]. Linkedin, (2024 – 05 – 07) [2024 – 08 – 22], https：//www. linkedin. com/pulse/shifting – from – traditional – contracts – performance – based – eeouf?trk = public_post.

[147] Susarla A, Barua A, Whinston A B. A transaction cost perspective of the "software as a service" business model [J]. Journal of Management Information Systems, 2009, 26 (2)：205 – 240.

[148] Susarla A, Subramanyam R, Karhade P. Contractual provisions to mitigate holdup：Evidence from information technology outsourcing [J]. Information Systems Research, 2010, 21 (1)：37 – 55.

[149] Susarla A. Contractual flexibility, rent seeking, and renegotia-

tion design: An empirical analysis of information technology outsourcing contracts [J]. Management Science, 2012, 58 (7): 1388 – 1407.

[150] Tirole J. Incomplete contracts: Where do we stand? [J]. Econometrica, 1999, 67 (4): 741 – 781.

[151] Tiwana A. Systems development ambidexterity: Explaining the complementary and substitutive roles of formal and informal controls [J]. Journal of Management Information Systems, 2010, 27 (2): 87 – 126.

[152] Whang S. Market provision of custom software: Learning effects and low balling [J]. Management Science, 1995, 41 (8): 1343 – 1352.

[153] Wu D J, Ding M, Hitt L M. IT implementation contract design: Analytical and experimental investigation of IT value, learning, and contract structure [J]. Information Systems Research, 2013, 24 (3): 787 – 801.

[154] Xia H, Dawande M, Mookerjee V. Optimal coordination in distributed software development [J]. Production and Operations Management, 2016, 25 (1): 56 – 76.

[155] Yamada S, Ohba M, Osaki S. S – Shaped reliability growth modeling for software error detection [J]. IEEE Transactions on Reliability, 1983, 32 (5): 475 – 484.

[156] Yamada S, Ohba M, Osaki S. S – shaped software reliability growth models and their applications [J]. IEEE Transactions on Reliability, 1984, R – 33: 289 – 292.

[157] Yamada S, Ohtera H, Ohba M. Software reliability growth model with testing-domain and comparisons of goodness-of-fit [J]. Computers & Mathematics with Applications, 1992, 24 (1/2): 79 – 86.

[158] Yamada S, Osaki S, Narihisa H. A software reliability growth model with two types of errors [J]. RAIRO – Operations Research, 1985, 19 (1): 87 – 104.

[159] Yamada S, Ohtera H, Narihisa H. Software reliability growth

models with testing-effort [J]. IEEE Transactions on Reliability, 1986, R – 35: 19 – 23.

[160] Yamada S, Hishitani J, Osaki S. Software-reliability growth with a Weibull test-effort function [J]. IEEE Transactions on Reliability, 1993, R – 42: 100 – 106.

[161] Yamada S. Software reliability modeling fundamentals and applications [M]. Tokyo: Springer, 2014.

[162] Yang Z B, Aydın G, Babich V, Beil D R. Supply disruptions, asymmetric information, and a backup production option [J]. Management Science, 2009, 55 (2): 192 – 209.

[163] Yang Z B, Aydın G, Babich V, Beil D R. Using a dual-sourcing option in the presence of asymmetric information about supplier reliability: Competition vs. diversification [J]. Manufacturing & Service Operations Management, 2012, 14 (2): 202 – 217.

[164] Zhao X, Xue L, Zhang F. Outsourcing competition and information sharing with asymmetrically informed suppliers [J]. Production and Operations Management, 2014, 23 (10): 1706 – 1718.

[165] Zhang H, Kong G, Rajagopalan S. Contract design by service providers with private effort [J]. Management Science, 2018, 64 (6): 2672 – 2689.

[166] Zhang W, Zhou D, Liu L. Contracts for changing times: Sourcing with raw material price volatility and information asymmetry [J]. Manufacturing & Service Operations Management, 2014, 16 (1): 133 – 148.